Geleneksel Çin Mutfağı Lezzetin Sırrı

Li Wei

İçindekiler

Lychee soslu karides 9
Mandalina ile kızarmış karides 10
Mangetoutlu karides 11
Çin mantarlı karides 12
Kızarmış karides ve bezelye 13
Mango soslu karides 15
Pekin karidesleri 17
Biberli karides 18
Domuz eti ile kızarmış kral yengeç 18
Şeri soslu kızarmış kral yengeç 20
Susamlı kızarmış karides 21
Kabuklu kızarmış karides 22
Kızarmış karides 23
Karides Tempura 24
Sakız 24
Tofu ile karides 25
Domatesli karides 26
Domates soslu karides 27
Domates soslu karides ve Şili 28
Domates soslu kızarmış kral yengeç 29
Sebzeli karides 30
Su kestaneli karides 31
karides wontonu 32
Tavuklu abalone 33
Kuşkonmazlı abalone 34
Mantarlı deniz kulağı 36
İstiridye soslu abalone 37
buğulanmış istiridye 38
Fasulye filizli midye 38
Zencefil ve sarımsaklı midye 39
Kızarmış istiridyeler 40
yengeç kekleri 41

yengeç muhallebi sosu 42
Çin yaprak yengeç eti 43
Fasulye filizli Foo Yung yengeci... 44
Zencefil ile yengeç 45
Yengeç Lo Mein 46
Domuz eti ile kızarmış yengeç 48
Kızartılmış yengeç eti... 49
kızarmış kalamar topları.. 50
Kanton ıstakozu.. 51
kızarmış ıstakoz 52
Jambonlu buğulanmış ıstakoz 53
Mantarlı ıstakoz 54
Domuz eti ile ıstakoz kuyruğu 55
Kızarmış ıstakoz... 56
ıstakoz yuvaları 57
Siyah fasulye soslu midye 58
Zencefilli midye 60
Buğulanmış midye... 61
Kızarmış istiridyeler 62
pastırmalı istiridye 63
Zencefil ile kızarmış istiridye 64
Siyah fasulye soslu istiridye 65
Bambu filizleri ile tarak 66
Yumurtalı tarak.. 67
Brokoli ile tarak.. 68
Zencefil ile tarak... 69
Jambonlu tarak... 70
Otlu midye... 71
Kızartılmış midye ve soğan.. 72
Sebzeli tarak.. 73
Kırmızı biberli tarak 75
Fasulye filizli kalamar 76
Kızarmış ahtapot.. 77
kalamar paketleri... 78
kızarmış kalamar rulo 80
Kızarmış kalamar... 81

Kurutulmuş mantarlı kalamar 82
Sebzeli kalamar 83
Anasonlu kızarmış dana eti 84
Kuşkonmazlı dana eti 85
Bambu filizli dana eti 86
Bambu filizi ve mantarlı dana eti 87
Çin Kızarmış Sığır Eti 88
Fasulye filizli dana eti 88
Brokolili biftek 90
Susam ve brokoli ile sığır eti 91
Şnitzel 92
Kanton sığır eti 93
Havuçlu dana eti 94
Kaju fıstığı ile sığır eti 95
yavas pismis biftek yahnisi 96
Karnabaharlı dana eti 97
Kerevizli dana eti 98
Kereviz ile kızarmış dana dilimleri 99
Tavuk ve kereviz ile kıyma 100
Şili ile sığır eti 101
Sığır eti Çin lahanası 103
Dana biftek Suey 104
salatalıklı dana eti 105
Sığır Chow Mein 106
salatalık biftek 108
Kızarmış dana köri 108
buharda pişmiş jambon 110
lahana ile pastırma 111
bademli tavuk 112
Bademli ve kestaneli tavuk 114
Bademli ve sebzeli tavuk 115
anasonlu tavuk 117
Kayısılı tavuk 118
Kuşkonmazlı tavuk 118
Patlıcanlı tavuk 119
Pastırma Rulo Tavuk 120

Fasulye filizli tavuk 121
Siyah fasulye soslu tavuk 122
Brokolili tavuk 123
Lahana ve cevizli tavuk 124
Kaju fıstıklı tavuk 125
kestaneli tavuk 127
Ateşli tavuk 128
Biberli kızarmış tavuk 130
Tavuk Suey 132
tavuk yemeği 134
Çıtır baharatlı tavuk 136
Salatalıklı kızarmış tavuk 138
Biberli tavuk köri 140
Çin tavuk köri 141
hızlı tavuk köri 142
Patatesli tavuk köri 143
kızarmış tavuk budu 143
Köri soslu kızarmış tavuk 144
sarhoş tavuk 145
Yumurtalı tuzlu tavuk 148
rulo yumurta 150
Yumurtalı buharda pişmiş tavuk 151
Uzakdoğu tavuğu 153
Foo Yung Tavuk 155
Jambon ve Tavuk Foo Yung 156
Zencefilli kızarmış tavuk 157
zencefilli tavuk 158
Mantarlı ve kestaneli zencefilli tavuk 159
altın tavuk 160
Marine edilmiş altın tavuk güveç 161
Altın paralar 162
Jambonlu buharda pişmiş tavuk 164
Hoisin soslu tavuk 165
bal tavuğu 167
Kung Pao Tavuk 168
Pırasalı tavuk 169

Limon tavuk 170
Limonlu tavuk kızartması 172
Bambu filizli tavuk ciğeri 174
kızarmış tavuk karaciğeri 175
Mangetoutlu tavuk ciğeri 176
Krep ile tavuk karaciğer makarna 177
İstiridye soslu tavuk ciğeri 178
Ananaslı tavuk karaciğeri 180
Tatlı ve ekşi tavuk karaciğeri 181
Lychee'li tavuk 182
Lychee soslu tavuk 184
Mangetoutlu tavuk 186
Mangolu tavuk 187
Tavuklu kavun dolması 189
Kızarmış tavuk ve mantar 190
Mantarlı ve cevizli tavuk 191
Mantarlı kızarmış tavuk 193
Mantarlı buharda pişmiş tavuk 195
Soğanlı tavuk 196
Portakallı ve limonlu tavuk 197
İstiridye soslu tavuk 198
tavuk paketleri 200
fındıklı tavuk 202
Fıstık Ezmeli Tavuk 203
Bezelyeli tavuk 205
Pekin tavuğu 206
Kırmızı biberli tavuk 207
Biberli kızarmış tavuk 209
Tavuk ve ananas 211
Ananaslı ve liçili tavuk 212
domuz eti ile tavuk 213
Jambon ve balık ile haşlanmış yumurta 215
Domuz eti ile haşlanmış yumurta 216

Lychee soslu karides

4 kişi için

50 g / 2 oz / ¬Ω bir fincan (çok amaçlı)

Un

2,5 ml / ¬Ω çay kaşığı tuz

1 yumurta, hafifçe çırpılmış

30 ml / 2 yemek kaşığı su

450 gr / 1 kilo soyulmuş karides

yemek yagı

30 ml / 2 yemek kaşığı yer fıstığı yağı

2 dilim zencefil kökü, doğranmış

30 ml / 2 yemek kaşığı şarap sirkesi

5 ml / 1 çay kaşığı şeker

2,5 ml / ¬Ω çay kaşığı tuz

15 ml / 1 yemek kaşığı soya sosu

200g / 7oz konserve liçi, süzülmüş

Un, tuz, yumurta ve suyu hamur haline getirin, gerekirse biraz su ekleyin. Karideslerle iyice karıştırın. Yağı ısıtın ve karidesleri gevrek ve altın rengi kahverengi olana kadar birkaç dakika kızartın. Kağıt havlu üzerine boşaltın ve sıcak bir tabağa koyun. Bu arada yağı ısıtın ve zencefili 1 dakika kızartın. Şarap sirkesini, şekeri, tuzu ve soya sosunu ekleyin. Lychee'yi ekleyin ve sıcak olana ve sosla kaplanana kadar karıştırın. Karidesin üzerine dökün ve hemen servis yapın.

Mandalina ile kızarmış karides

4 kişi için

60 ml / 4 yemek kaşığı yer fıstığı yağı
1 diş ezilmiş sarımsak
1 dilim zencefil kökü, doğranmış
450 gr / 1 kilo soyulmuş karides
30 ml / 2 yemek kaşığı pirinç şarabı veya sek şeri 30 ml / 2 yemek kaşığı soya sosu
15 ml / 1 yemek kaşığı mısır unu (mısır nişastası)
45 ml / 3 yemek kaşığı su

Yağı ısıtın ve sarımsak ve zencefili hafif altın rengi olana kadar kızartın. Karidesleri ekleyin ve 1 dakika kızartın. Şarap veya şeri ekleyin ve iyice karıştırın. Soya sosunu, mısır nişastasını ve suyu ekleyip 2 dakika kızartın.

Mangetoutlu karides

4 kişi için

5 adet kurutulmuş Çin mantarı

225g / 8oz fasulye filizi

60 ml / 4 yemek kaşığı yer fıstığı yağı

5 ml / 1 çay kaşığı tuz

2 sap kereviz, doğranmış

4 arpacık soğan (yeşil soğan), ince doğranmış

2 diş ezilmiş sarımsak

2 dilim zencefil kökü, doğranmış

60 ml / 4 yemek kaşığı su

15 ml / 1 yemek kaşığı soya sosu

15 ml / 1 yemek kaşığı pirinç şarabı veya sek şeri

225 gr kar bezelyesi

225 g / 8 ons kabuklu karides

15 ml / 1 yemek kaşığı mısır unu (mısır nişastası)

Mantarları ılık suda 30 dakika bekletin, ardından süzün. Sapları atın ve üst kısımlarını kesin. Fasulye filizlerini kaynar suda 5 dakika haşlayıp, iyice süzün. Yağın yarısını ısıtıp tuzu, kerevizi, taze soğanı ve fasulye filizlerini 1 dakika kavurup tavadan alın. Kalan yağı ısıtın ve sarımsak ve zencefili hafif altın rengi olana kadar kızartın. Suyun yarısını, soya sosunu, şarabı veya şeri, bezelye ve karidesleri ekleyin, kaynatın ve 3 dakika pişirin. Mısır unu ve kalan suyu macun kıvamına gelinceye kadar karıştırıp tavaya ekleyin ve sos koyulaşana kadar karıştırarak pişirin. Sebzeleri tekrar tavaya alın ve iyice ısınana kadar pişirin. Hemen servis yapın.

Çin mantarlı karides

4 kişi için

8 kurutulmuş Çin mantarı
45 ml / 3 yemek kaşığı fıstık yağı (yer fıstığı)
3 dilim zencefil kökü, doğranmış
450 gr / 1 kilo soyulmuş karides
15 ml / 1 yemek kaşığı soya sosu
5 ml / 1 çay kaşığı tuz
60 ml / 4 yemek kaşığı balık suyu

Mantarları ılık suda 30 dakika bekletin, ardından süzün. Sapları atın ve üst kısımlarını kesin. Yağın yarısını ısıtın ve zencefili hafif altın rengi olana kadar kızartın. Karidesleri, soya sosunu ve tuzu ekleyip yağları bitene kadar kızartın ve ardından tavadan çıkarın. Kalan yağı ısıtın ve mantarları, yağ üzerlerini kaplayana kadar kızartın. Stok ekleyin, kaynatın, üzerini örtün ve 3 dakika pişirin. Karidesleri tekrar tavaya alın ve iyice ısınana kadar karıştırın.

Kızarmış karides ve bezelye

4 kişi için

450 gr / 1 kilo soyulmuş karides
5 ml / 1 çay kaşığı susam yağı
5 ml / 1 çay kaşığı tuz
30 ml / 2 yemek kaşığı yer fıstığı yağı
1 diş ezilmiş sarımsak
1 dilim zencefil kökü, doğranmış
8 oz / 225 g beyazlatılmış veya dondurulmuş bezelye, çözülmüş
4 arpacık soğan (yeşil soğan), ince doğranmış
30 ml / 2 yemek kaşığı su
tuz biber

Karidesleri susam yağı ve tuzla karıştırın. Yağı ısıtın ve sarımsak ve zencefili 1 dakika kızartın. Karidesleri ekleyin ve 2 dakika kızartın. Bezelyeyi ekleyip 1 dakika kavurun. Frenk soğanı ve suyu ekleyin ve gerekirse tuz, karabiber ve susam yağıyla tatlandırın. Servis yapmadan önce dikkatlice karıştırın ve ısıtın.

Mango soslu karides

4 kişi için

12 karides

tuz biber

1 limonun suyu

30 ml / 2 yemek kaşığı mısır unu (mısır nişastası)

1 tutamak

5 ml / 1 çay kaşığı hardal tozu

5 ml / 1 çay kaşığı bal

30 ml / 2 yemek kaşığı Hindistan cevizi kreması

30 ml / 2 yemek kaşığı hafif köri tozu

120 ml / 4 fl oz / ¬Ω bardak tavuk suyu

45 ml / 3 yemek kaşığı fıstık yağı (yer fıstığı)

2 diş kıyılmış sarımsak

2 arpacık soğan (soğan), ince doğranmış

1 ince kıyılmış rezene soğan

100 g / 4 oz mango turşusu

Karidesleri kuyrukları sağlam kalacak şekilde soyun. Tuz ve karabiberle tatlandırın, üzerine limon suyu serpin, ardından mısır ununun yarısını serpin. Mangoyu soyun, eti kemikten ayırın ve ardından eti küp küp doğrayın. Hardal, bal, hindistan cevizi kreması, köri tozu, kalan mısır nişastası ve et suyunu karıştırın.

Yağın yarısını ısıtın ve sarımsak, frenk soğanı ve rezeneyi 2 dakika kızartın. Stok ekleyin, kaynatın ve 1 dakika pişirin. Mango küplerini ve acı sosu ekleyip dikkatlice ısıtın ve ardından sıcak bir tabağa koyun. Kalan yağı ısıtın ve karidesleri 2 dakika kızartın. Sebzelerin üzerine yerleştirip hemen servis yapın.

Pekin karidesleri

4 kişi için

30 ml / 2 yemek kaşığı yer fıstığı yağı

2 diş ezilmiş sarımsak

1 dilim zencefil kökü, doğranmış

225 g / 8 ons kabuklu karides

4 adet taze soğan (soğan), kalın dilimlenmiş

120 ml / 4 fl oz / ¬Ω bardak tavuk suyu

5 ml / 1 çay kaşığı esmer şeker

5 ml / 1 çay kaşığı soya sosu

5 ml / 1 çay kaşığı kuru üzüm sosu

5 ml / 1 çay kaşığı tabasco sosu

Yağı sarımsak ve zencefille ısıtın ve sarımsak hafif altın rengi kahverengi olana kadar kızartın. Karidesleri ekleyin ve 1 dakika kızartın. Frenk soğanı ekleyin ve 1 dakika pişirin. Diğer malzemeleri ekleyin, kaynatın, kapağını kapatın ve ara sıra karıştırarak 4 dakika pişirin. Baharatı kontrol edin ve isterseniz biraz daha Tabasco sosu ekleyin.

Biberli karides

4 kişi için

30 ml / 2 yemek kaşığı yer fıstığı yağı
1 yeşil biber parçalara bölünmüş
450 gr / 1 kilo soyulmuş karides
10 ml / 2 çay kaşığı mısır unu (mısır nişastası)
60 ml / 4 yemek kaşığı su
5 ml / 1 çay kaşığı pirinç şarabı veya sek şeri
2,5 ml / ¬Ω çay kaşığı tuz
45 ml / 2 yemek kaşığı domates salçası (makarna)

Yağı ısıtın ve biberi 2 dakika kızartın. Karides ve domates salçasını ekleyip iyice karıştırın. Mısır unu, şarap veya şeri ve tuzu macun haline gelinceye kadar karıştırın, tavada karıştırın ve sos seyreltilip koyulaşana kadar karıştırarak pişirin.

Domuz eti ile kızarmış kral yengeç

4 kişi için

225 g / 8 ons kabuklu karides
100 g yağsız domuz eti, kıyılmış

60 ml / 4 yemek kaşığı pirinç şarabı veya sek şeri

1 yumurta beyazı

45 ml / 3 yemek kaşığı mısır unu (mısır nişastası)

5 ml / 1 çay kaşığı tuz

15 ml / 1 yemek kaşığı su (isteğe bağlı)

90 ml / 6 yemek kaşığı yer fıstığı yağı

45 ml / 3 yemek kaşığı balık suyu

5 ml / 1 çay kaşığı susam yağı

Karides ve domuz etini ayrı tabaklara yerleştirin. 45 ml / 3 yemek kaşığı şarap veya şeri, yumurta akı, 30 ml / 2 yemek kaşığı mısır unu ve tuzu gevşek bir hamur haline getirin, gerekirse su ekleyin. Karışımı domuz eti ve karides arasında bölün ve eşit şekilde kaplanacak şekilde iyice atın. Yağı ısıtın ve domuz eti ile karidesleri birkaç dakika içinde altın rengi kahverengi olana kadar kızartın. Tavadan çıkarın ve 15 ml/1 yemek kaşığı yağ dışında tamamını dökün. Kalan şarap veya şeri ve mısır unu ile birlikte suyu tavaya ekleyin. Kaynatın ve sos koyulaşana kadar karıştırarak pişirin. Karides ve domuz etinin üzerine dökün ve üzerine susam yağı gezdirerek servis yapın.

Şeri soslu kızarmış kral yengeç

4 kişi için

50 g / 2 oz / ¬Ω bardak sade un (çok amaçlı)

2,5 ml / ¬Ω çay kaşığı tuz

1 yumurta, hafifçe çırpılmış

30 ml / 2 yemek kaşığı su

450 gr / 1 kilo soyulmuş karides

yemek yagı

15 ml / 1 yemek kaşığı yer fıstığı yağı

1 ince doğranmış soğan

45 ml / 3 yemek kaşığı pirinç şarabı veya sek şeri

15 ml / 1 yemek kaşığı soya sosu

120 ml / 4 fl oz / ¬Ω bardak balık suyu

10 ml / 2 çay kaşığı mısır unu (mısır nişastası)

30 ml / 2 yemek kaşığı su

Un, tuz, yumurta ve suyu hamur haline getirin, gerekirse biraz su ekleyin. Karideslerle iyice karıştırın. Yağı ısıtın ve karidesleri gevrek ve altın rengi kahverengi olana kadar birkaç dakika kızartın. Kağıt havlu üzerine boşaltın ve sıcak bir tabağa koyun. Bu arada yağı ısıtın ve soğanı yumuşayana kadar soteleyin. Şarap veya şeri, soya sosu ve et suyunu ekleyin, kaynatın ve 4 dakika pişirin. Mısır unu ve suyu macun kıvamına gelene kadar karıştırın, tavada karıştırın ve sos seyreltilip koyulaşana kadar karıştırarak pişirin. Sosu karideslerin üzerine dökün ve servis yapın.

Susamlı kızarmış karides

4 kişi için

450 gr / 1 kilo soyulmuş karides

¬Ω yumurta akı

5 ml / 1 çay kaşığı soya sosu

5 ml / 1 çay kaşığı susam yağı

50 g / 2 oz / ¬Ω bardak mısır unu (mısır nişastası)

tuz ve taze çekilmiş beyaz biber

yemek yagı

60 ml / 4 yemek kaşığı susam

Salata yaprakları

Karidesleri yumurta akı, soya sosu, susam yağı, mısır nişastası, tuz ve karabiberle karıştırın. Karışım çok kalınsa biraz su ekleyin. Yağı ısıtın ve karidesleri birkaç dakika içinde altın rengi kahverengi olana kadar kızartın. Bu arada susam tohumlarını kuru bir tavada altın kahverengi olana kadar kızartın. Karidesleri süzün ve susamla karıştırın. Salata tepsisinde servis yapın.

Kabuklu kızarmış karides

4 kişi için

60 ml / 4 yemek kaşığı yer fıstığı yağı
750 g / 1¬Ω lb kabuksuz karides
3 arpacık soğan (yeşil soğan), ince doğranmış
3 dilim zencefil kökü, doğranmış
2,5 ml / ¬Ω çay kaşığı tuz
15 ml / 1 yemek kaşığı pirinç şarabı veya sek şeri
120 ml / 4 fl oz / ¬Ω bardak domates sosu (ketçap)
15 ml / 1 yemek kaşığı soya sosu
15 ml / 1 yemek kaşığı şeker
15 ml / 1 yemek kaşığı mısır unu (mısır nişastası)
60 ml / 4 yemek kaşığı su

Yağı ısıtın ve karidesleri pişmişse 1 dakika, çiğse pembeleşene kadar kızartın. Taze soğan, zencefil, tuz ve şarap veya şeri ekleyip 1 dakika pişirin. Domates sosunu, soya sosunu ve şekeri ekleyip 1 dakika kavurun. Mısır unu ve suyu birleştirin, tavada karıştırın ve sos incelip koyulaşana kadar pişirin.

Kızarmış karides

4 kişi için

75 g / 3 oz / bütünleşik ¬° bardak mısır nişastası

1 yumurta beyazı

5 ml / 1 çay kaşığı pirinç şarabı veya sek şeri

tuz

350 g / 12 ons kabuklu karides

yemek yagı

Yoğun bir hamur oluşturmak için mısır unu, yumurta akı, şarap veya şeri ve bir tutam tuzu karıştırın. Karidesleri iyice yumuşayana kadar hamurun içine batırın. Yağı orta ateşte ısıtın ve karidesleri birkaç dakika içinde altın rengi kahverengi olana kadar kızartın. Yağdan çıkarın, sıcak olana kadar ısıtın ve karidesleri çıtır çıtır ve altın rengi kahverengi olana kadar tekrar kızartın.

Karides Tempura

4 kişi için

450 gr / 1 kilo soyulmuş karides
30 ml / 2 yemek kaşığı sade un (çok amaçlı)
30 ml / 2 yemek kaşığı mısır unu (mısır nişastası)
30 ml / 2 yemek kaşığı su
2 çırpılmış yumurta
yemek yagı

Karidesleri iç yayın ortasından kesin ve kelebek şeklinde yayın. Unu, mısır nişastasını ve suyu hamur haline getirin, ardından yumurtaları ekleyin. Yağı ısıtın ve karidesleri altın rengi kahverengi olana kadar kızartın.

Sakız

4 kişi için

30 ml / 2 yemek kaşığı yer fıstığı yağı
2 arpacık soğan (soğan), ince doğranmış
1 diş ezilmiş sarımsak
1 dilim zencefil kökü, doğranmış
100 gr şeritler halinde kesilmiş tavuk göğsü

100 g / 4 oz jambon, şeritler halinde kesilmiş
100 gr bambu filizi, şeritler halinde kesilmiş
100 gr su kestanesi, şeritler halinde kesilmiş
225 g / 8 ons kabuklu karides
30 ml / 2 yemek kaşığı soya sosu
30 ml / 2 yemek kaşığı pirinç şarabı veya sek şeri
5 ml / 1 çay kaşığı tuz
5 ml / 1 çay kaşığı şeker
5 ml / 1 çay kaşığı mısır unu (mısır nişastası)

Yağı ısıtın ve taze soğanı, sarımsağı ve zencefili hafif altın rengi olana kadar kızartın. Tavukları ekleyip 1 dakika kadar kavurun. Jambonu, bambu filizlerini ve su kestanelerini ekleyip 3 dakika kızartın. Karidesleri ekleyin ve 1 dakika kızartın. Soya sosu, şarap veya şeri, tuz ve şekeri ekleyip 2 dakika pişirin. Mısır ununu biraz suyla karıştırıp tavaya alın ve karıştırarak 2 dakika pişirin.

Tofu ile karides

4 kişi için

45 ml / 3 yemek kaşığı fıstık yağı (yer fıstığı)

8 oz/225 gr doğranmış tofu

1 taze soğan (soğan), ince doğranmış

1 diş ezilmiş sarımsak

15 ml / 1 yemek kaşığı soya sosu

5 ml / 1 çay kaşığı şeker

90 ml / 6 yemek kaşığı balık suyu

225 g / 8 ons kabuklu karides

15 ml / 1 yemek kaşığı mısır unu (mısır nişastası)

45 ml / 3 yemek kaşığı su

Yağın yarısını ısıtın ve tofuyu hafif altın rengi olana kadar kızartın, ardından tavadan çıkarın. Kalan yağı ısıtın ve taze soğanı ve sarmsağı hafif altın rengi olana kadar kızartın. Soya sosunu, şekeri ve et suyunu ekleyip kaynatın. Karidesleri ekleyin ve kısık ateşte 3 dakika pişirin. Mısır unu ve suyu macun kıvamına gelinceye kadar tavada karıştırın ve sos koyulaşana kadar karıştırarak pişirin. Tofuyu tekrar tavaya dökün ve iyice ısınana kadar pişirin.

Domatesli karides

4 kişi için

2 yumurta akı
30 ml / 2 yemek kaşığı mısır unu (mısır nişastası)
5 ml / 1 çay kaşığı tuz
450 gr / 1 kilo soyulmuş karides
yemek yagı
30 ml / 2 yemek kaşığı pirinç şarabı veya sek şeri
8 oz / 225 g domates, soyulmuş, çekirdeği çıkarılmış ve doğranmış

Yumurta aklarını, mısır nişastasını ve tuzu karıştırın. İyice kaplanana kadar karidesleri ekleyin. Yağı ısıtın ve karidesleri yumuşayana kadar kızartın. 15 ml/1 yemek kaşığı yağ hariç hepsini dökün ve yeniden ısıtın. Şarap veya şeri ve domatesleri ekleyip kaynatın. Karidesleri ekleyin ve servis yapmadan önce hızlıca tekrar ısıtın.

Domates soslu karides

4 kişi için
30 ml / 2 yemek kaşığı yer fıstığı yağı
1 diş ezilmiş sarımsak
2 dilim zencefil kökü, doğranmış
2,5 ml / ¬Ω çay kaşığı tuz
15 ml / 1 yemek kaşığı pirinç şarabı veya sek şeri
15 ml / 1 yemek kaşığı soya sosu

6 ml / 4 yemek kaşığı domates sosu (ketçap)

120 ml / 4 fl oz / ¬Ω bardak balık suyu

350 g / 12 ons kabuklu karides

10 ml / 2 çay kaşığı mısır unu (mısır nişastası)

30 ml / 2 yemek kaşığı su

Yağı ısıtın ve sarımsak, zencefil ve tuzu 2 dakika kızartın. Şarap veya şeri, soya sosu, domates sosu ve et suyunu ekleyip kaynatın. Karidesleri ekleyin, kapağını kapatın ve 2 dakika pişirin. Mısır unu ve suyu macun kıvamına gelene kadar karıştırın, tavada karıştırın ve sos seyreltilip koyulaşana kadar karıştırarak pişirin.

Domates soslu karides ve Şili

4 kişi için

60 ml / 4 yemek kaşığı yer fıstığı yağı

15 ml / 1 yemek kaşığı öğütülmüş zencefil

15 ml / 1 yemek kaşığı kıyılmış sarımsak

15 ml / 1 yemek kaşığı doğranmış taze soğan

60 ml / 4 yemek kaşığı domates salçası (makarna)

15 ml / 1 yemek kaşığı biber sosu

450 gr / 1 kilo soyulmuş karides

15 ml / 1 yemek kaşığı mısır unu (mısır nişastası)

15 ml / 1 yemek kaşığı su

Yağı ısıtın ve zencefil, sarımsak ve taze soğanı 1 dakika kızartın. Domates salçası ve biber sosunu ekleyip iyice karıştırın. Karidesleri ekleyin ve 2 dakika kızartın. Mısır unu ve suyu macun kıvamına gelinceye kadar tencereye alıp sos koyulaşana kadar pişirin. Hemen servis yapın.

Domates soslu kızarmış kral yengeç

4 kişi için

50 g / 2 oz / ¬Ω bardak sade un (çok amaçlı)

2,5 ml / ¬Ω çay kaşığı tuz

1 yumurta, hafifçe çırpılmış

30 ml / 2 yemek kaşığı su

450 gr / 1 kilo soyulmuş karides

yemek yagı

30 ml / 2 yemek kaşığı yer fıstığı yağı

1 ince doğranmış soğan

2 dilim zencefil kökü, doğranmış

75 ml / 5 yemek kaşığı domates sosu (ketçap)

10 ml / 2 çay kaşığı mısır unu (mısır nişastası)

30 ml / 2 yemek kaşığı su

Un, tuz, yumurta ve suyu hamur haline getirin, gerekirse biraz su ekleyin. Karideslerle iyice karıştırın. Yağı ısıtın ve karidesleri gevrek ve altın rengi kahverengi olana kadar birkaç dakika kızartın. Bir kağıt havlu üzerine boşaltın.

Bu arada yağı ısıtın ve soğanı ve zencefili yumuşayana kadar soteleyin. Domates sosunu ekleyip 3 dakika pişirin. Mısır unu ve suyu macun kıvamına gelinceye kadar tavada karıştırın ve sos koyulaşana kadar karıştırarak pişirin. Karidesleri tavaya ekleyin ve iyice ısınana kadar pişirin. Hemen servis yapın.

Sebzeli karides

4 kişi için

15 ml / 1 yemek kaşığı yer fıstığı yağı

225 g / 8 ons brokoli çiçeği

225 g / 8 ons mantar

225 g / 8 ons bambu filizleri, dilimlenmiş

450 gr / 1 kilo soyulmuş karides

120 ml / 4 fl oz / ¬Ω bardak tavuk suyu

5 ml / 1 çay kaşığı mısır unu (mısır nişastası)

5 ml / 1 çay kaşığı istiridye sosu

2,5 ml / ¬Ω çay kaşığı şeker

2,5 ml / ¬Ω çay kaşığı rendelenmiş zencefil kökü

bir tutam taze çekilmiş biber

Yağı ısıtın ve brokoliyi 1 dakika kızartın. Mantarları ve bambu filizlerini ekleyip 2 dakika kızartın. Karidesleri ekleyin ve 2 dakika kızartın. Geri kalan malzemeleri birlikte karıştırın ve karides karışımına karıştırın. Karıştırarak kaynatın, ardından sürekli karıştırarak 1 dakika pişirin.

Su kestaneli karides

4 kişi için

60 ml / 4 yemek kaşığı yer fıstığı yağı

1 diş kıyılmış sarımsak
1 dilim zencefil kökü, doğranmış
450 gr / 1 kilo soyulmuş karides
2 yemek kaşığı / 30 ml pirinç şarabı veya sek şeri 8 oz / 225 gr
dilimlenmiş su kestanesi
30 ml / 2 yemek kaşığı soya sosu
15 ml / 1 yemek kaşığı mısır unu (mısır nişastası)
45 ml / 3 yemek kaşığı su

Yağı ısıtın ve sarımsak ve zencefili hafif altın rengi olana kadar kızartın. Karidesleri ekleyin ve 1 dakika kızartın. Şarap veya şeri ekleyin ve iyice karıştırın. Kestaneleri ekleyip 5 dakika kavurun. Diğer malzemeleri ekleyip 2 dakika kavurun.

karides wontonu

4 kişi için

450 gr kabuklu karides, doğranmış
8 oz / 225 gr sebze, doğranmış
15 ml / 1 yemek kaşığı soya sosu

2,5 ml / ¬Ω çay kaşığı tuz

birkaç damla susam yağı

40 wonton görünümü

yemek yagı

Karides, sebze, soya sosu, tuz ve susam yağını karıştırın.

Wontonları katlamak için derisini sol elinizle tutun ve ortasına biraz dolgu koyun. Kenarlarını yumurta ile nemlendirin, kabuğunu üçgen şeklinde katlayın, kenarlarını kapatın. Köşeleri yumurta ile nemlendirin ve çevirin.

Yağı ısıtın ve wontonları altın rengi kahverengi olana kadar tek tek kızartın. Servis yapmadan önce iyice süzün.

Tavuklu abalone

4 kişi için

400g / 14oz konserve deniz kulağı

30 ml / 2 yemek kaşığı yer fıstığı yağı

100 gr doğranmış tavuk göğsü

100 g / 4 ons bambu filizleri, dilimlenmiş

250 ml / 8 fl oz / 1 su bardağı balık suyu
15 ml / 1 yemek kaşığı pirinç şarabı veya sek şeri
5 ml / 1 çay kaşığı şeker
2,5 ml / ¬Ω çay kaşığı tuz
15 ml / 1 yemek kaşığı mısır unu (mısır nişastası)
45 ml / 3 yemek kaşığı su

Süzün ve dilimleyin, suyunu bir kenara koyun. Yağı ısıtın ve tavukları açık kahverengi olana kadar kızartın. Abalone ve bambu filizlerini ekleyip 1 dakika kızartın. Abalone sıvısını, et suyunu, şarabı veya şeriyi, şekeri ve tuzu ekleyin, kaynatın ve 2 dakika pişirin. Mısır unu ve suyu bir macun kıvamına gelene kadar karıştırın ve sos seyreltilip koyulaşana kadar karıştırarak pişirin. Hemen servis yapın.

Kuşkonmazlı abalone

4 kişi için

10 adet kurutulmuş Çin mantarı
30 ml / 2 yemek kaşığı yer fıstığı yağı

15 ml / 1 yemek kaşığı su

225 g / 8 oz kuşkonmaz

2,5 ml / ¬Ω çay kaşığı balık sosu

15 ml / 1 yemek kaşığı mısır unu (mısır nişastası)

8 oz/225 g konserve abalone, dilimlenmiş

60 ml / 4 yemek kaşığı et suyu

¬Ω küçük havuç, dilimlenmiş

5 ml / 1 çay kaşığı soya sosu

5 ml / 1 çay kaşığı istiridye sosu

5 ml / 1 çay kaşığı pirinç şarabı veya sek şeri

Mantarları ılık suda 30 dakika bekletin, ardından süzün. Sapları atın. 15 ml / 1 yemek kaşığı yağı suyla ısıtın ve mantarları 10 dakika kızartın. Bu arada kuşkonmazı balık sosu ve 5 ml/1 çay kaşığı mısır unu ile kaynar suda pişene kadar pişirin. İyice süzün ve mantarlarla birlikte sıcak bir tabağa koyun. Onları sıcak tutun. Kalan yağı ısıtın ve deniz kulağını birkaç saniye kızartın, ardından et suyu, havuç, soya sosu, istiridye sosu, şarap veya şeri ve mısır nişastasının geri kalanını ekleyin. Yaklaşık 5 dakika yumuşayana kadar pişirin, ardından kuşkonmazın üzerine dökün ve servis yapın.

Mantarlı deniz kulağı

4 kişi için

6 adet kurutulmuş Çin mantarı
400g / 14oz konserve deniz kulağı
45 ml / 3 yemek kaşığı fıstık yağı (yer fıstığı)
2,5 ml / ¬Ω çay kaşığı tuz
15 ml / 1 yemek kaşığı pirinç şarabı veya sek şeri
3 adet taze soğan (soğan), kalın dilimlenmiş

Mantarları ılık suda 30 dakika bekletin, ardından süzün. Sapları atın ve üst kısımlarını kesin. Süzün ve dilimleyin, suyunu bir kenara koyun. Yağı ısıtın ve tuzu ve mantarları 2 dakika kızartın. Abalone sıvısını ve şeri ekleyin, kaynatın, üzerini örtün ve 3 dakika pişirin. Denizkulağı ve soğanı ekleyin ve iyice ısınana kadar pişirin. Hemen servis yapın.

İstiridye soslu abalone

4 kişi için

400g / 14oz konserve deniz kulağı
15 ml / 1 yemek kaşığı mısır unu (mısır nişastası)
15 ml / 1 yemek kaşığı soya sosu
45 ml / 3 yemek kaşığı istiridye sosu
30 ml / 2 yemek kaşığı yer fıstığı yağı
50 gr füme jambon, doğranmış

Konserve deniz kulağını boşaltın ve 90 ml / 6 yemek kaşığı sıvı bırakın. Mısır unu, soya sosu ve istiridye sosuyla karıştırın. Yağı ısıtın ve süzülmüş deniz kulağını 1 dakika kızartın. Sosu ekleyin ve kısık ateşte karıştırarak yaklaşık 1 dakika, iyice ısınana kadar pişirin. Sıcak bir tabağa koyun ve jambonla süsleyerek servis yapın.

buğulanmış istiridye

4 kişi için

24 mermi

Midyeleri iyice ovalayın ve birkaç saat tuzlu suda bekletin. Akan su altında durulayın ve sığ bir güveç kabına yerleştirin. Buharlı pişiricideki bir rafa yerleştirin, kapağını kapatın ve tüm istiridyeler açılıncaya kadar yaklaşık 10 dakika boyunca kaynar suyun üzerinde buharda pişirin. Kapalı kalanları atın. Soslarla servis yapın.

Fasulye filizli midye

4 kişi için

24 mermi
15 ml / 1 yemek kaşığı yer fıstığı yağı
150 g / 5 oz. fasulye filizi
1 yeşil biber şeritler halinde kesilmiş
2 arpacık soğan (soğan), ince doğranmış
15 ml / 1 yemek kaşığı pirinç şarabı veya sek şeri
tuz ve taze çekilmiş karabiber
2,5 ml / ¬Ω çay kaşığı susam yağı

50 gr füme jambon, doğranmış

Midyeleri iyice ovalayın ve birkaç saat tuzlu suda bekletin. Akan su ile durulayın. Bir tencere suyu ısıtın, midyeleri ekleyin ve kapakları açılıncaya kadar birkaç dakika pişirin. Yakalanan eşyaları temizleyin ve atın. İstiridyeleri kabuklarından çıkarın.

Yağı ısıtın ve fasulye filizlerini 1 dakika kızartın. Kırmızı biber ve frenk soğanı ekleyip 2 dakika kızartın. Şarap veya şeri ekleyin ve tuz ve karabiberle tatlandırın. Daha sonra istiridyeleri ekleyin ve iyice birleşip iyice ısınana kadar karıştırın. Sıcak bir tabağa yerleştirin ve üzerine susam yağı ve jambon serperek servis yapın.

Zencefil ve sarımsaklı midye

4 kişi için

24 mermi
15 ml / 1 yemek kaşığı yer fıstığı yağı
2 dilim zencefil kökü, doğranmış
2 diş ezilmiş sarımsak
15 ml / 1 yemek kaşığı su
5 ml / 1 çay kaşığı susam yağı
tuz ve taze çekilmiş karabiber

Midyeleri iyice ovalayın ve birkaç saat tuzlu suda bekletin. Akan su ile durulayın. Yağı ısıtın ve zencefil ve sarımsağı 30 saniye kızartın. İstiridyeleri, suyu ve susam yağını ekleyin, kapağını kapatın ve istiridyeler açılıncaya kadar yaklaşık 5 dakika pişirin. Kapalı kalanları atın. Tuz ve karabiberle hafifçe tatlandırıp hemen servis yapın.

Kızarmış istiridyeler

4 kişi için

24 mermi

60 ml / 4 yemek kaşığı yer fıstığı yağı

4 diş sarımsak, doğranmış

1 ince doğranmış soğan

2,5 ml / ¬Ω çay kaşığı tuz

Midyeleri iyice ovalayın ve birkaç saat tuzlu suda bekletin. Akan su altında durulayın ve kurulayın. Yağı ısıtın ve sarımsak, soğan ve tuzu yumuşayana kadar soteleyin. İstiridyeleri ekleyin, kapağını kapatın ve tüm kabuklar açılıncaya kadar yaklaşık 5 dakika pişirin. Kapalı kalanları atın. Üzerine yağ sürün ve 1 dakika daha hafifçe kızartın.

yengeç kekleri

4 kişi için

225g / 8oz fasulye filizi

4 yemek kaşığı / 60 ml fıstık yağı 4 oz / 100 gr bambu filizleri, şeritler halinde kesilmiş

1 ince doğranmış soğan

225 gr yengeç eti, kuşbaşı

4 yumurta, hafifçe çırpılmış

15 ml / 1 yemek kaşığı mısır unu (mısır nişastası)

30 ml / 2 yemek kaşığı soya sosu

tuz ve taze çekilmiş karabiber

Fasulye filizlerini kaynar suda 4 dakika haşlayıp süzün. Yağın yarısını ısıtın ve fasulye filizlerini, bambu filizlerini ve soğanı yumuşayana kadar kızartın. Ocaktan alıp yağ hariç diğer malzemeleri ekleyip karıştırın. Kalan yağı temiz bir tavada ısıtın ve küçük kekler için bir çorba kaşığı yengeç eti karışımını kızartın. Her iki tarafı da altın rengi olana kadar kızartın ve ardından her şeyi aynı anda servis edin.

yengeç muhallebi sosu

4 kişi için

225 g / 8 ons yengeç eti

5 çırpılmış yumurta

1 taze soğan (soğan), ince doğranmış

250 ml / 8 fl oz / 1 su bardağı su

5 ml / 1 çay kaşığı tuz

5 ml / 1 çay kaşığı susam yağı

Tüm malzemeleri iyice karıştırın. Bir kaseye yerleştirin, üzerini örtün ve bir su banyosunun, sıcak suyun veya buharlı pişirici rafının üzerine yerleştirin. Ara sıra karıştırarak puding kıvamına gelene kadar yaklaşık 35 dakika pişirin. Pirinçle servis yapın.

Çin yaprak yengeç eti

4 kişi için

450 g / 1 lb. porselen yaprakları, rendelenmiş

45 ml / 3 yemek kaşığı bitkisel yağ

2 arpacık soğan (soğan), ince doğranmış

225 g / 8 ons yengeç eti

15 ml / 1 yemek kaşığı soya sosu

15 ml / 1 yemek kaşığı pirinç şarabı veya sek şeri

5 ml / 1 çay kaşığı tuz

Çin yapraklarını kaynar suda 2 dakika haşlayın, ardından iyice süzün ve soğuk suyla durulayın. Yağı ısıtın ve taze soğanı hafif altın rengi olana kadar kızartın. Yengeç etini ekleyin ve 2 dakika kızartın. Çin yapraklarını ekleyin ve 4 dakika kızartın. Soya sosu, şarap veya şeri ve tuzu ekleyip iyice karıştırın. Et suyunu ve mısır unu ekleyin, kaynatın ve sos incelip koyulaşana kadar 2 dakika karıştırarak pişirin.

Fasulye filizli Foo Yung yengeci

4 kişi için

6 adet çırpılmış yumurta

45 ml / 3 yemek kaşığı mısır unu (mısır nişastası)

225 g / 8 ons yengeç eti

100 g / 4 ons fasulye filizi

2 diş sarımsak (soğan), doğranmış

2,5 ml / ¬Ω çay kaşığı tuz

45 ml / 3 yemek kaşığı fıstık yağı (yer fıstığı)

Yumurtayı çırpın, ardından mısır unu ekleyin. Yağ hariç diğer malzemeleri karıştırın. Yağı ısıtın ve karışımı azar azar tavaya dökün. 7,5 cm genişliğinde krep yapımı. Altı kızarana kadar kızartın, sonra ters çevirin ve diğer tarafı da kızarana kadar kızartın.

Zencefil ile yengeç

4 kişi için

15 ml / 1 yemek kaşığı yer fıstığı yağı

2 dilim zencefil kökü, doğranmış

4 arpacık soğan (yeşil soğan), ince doğranmış

3 diş ezilmiş sarımsak

1 ince doğranmış kırmızı biber

350 g yengeç eti, kuşbaşı edilmiş

2,5 ml / ¬Ω çay kaşığı balık ezmesi

2,5 ml / ¬Ω çay kaşığı susam yağı

15 ml / 1 yemek kaşığı pirinç şarabı veya sek şeri

5 ml / 1 çay kaşığı mısır unu (mısır nişastası)

15 ml / 1 yemek kaşığı su

Yağı ısıtın ve zencefili, taze soğanı, sarımsağı ve kırmızı biberi 2 dakika kızartın. Yengeç etini ekleyin ve baharatlarla iyice kaplanana kadar karıştırın. Balık ezmesini ekleyin. Diğer malzemeleri macun kıvamına gelene kadar karıştırın, ardından tavada karıştırın ve 1 dakika kızartın. Hemen servis yapın.

Yengeç Lo Mein

4 kişi için

100 g / 4 ons fasulye filizi

30 ml / 2 yemek kaşığı yer fıstığı yağı

5 ml / 1 çay kaşığı tuz

1 ince doğranmış soğan

100 gr mantar, dilimlenmiş

225 gr yengeç eti, kuşbaşı

100 g / 4 ons bambu filizleri, dilimlenmiş

Kızarmış makarna

30 ml / 2 yemek kaşığı soya sosu

5 ml / 1 çay kaşığı şeker

5 ml / 1 çay kaşığı susam yağı

tuz ve taze çekilmiş karabiber

Fasulye filizlerini kaynar suda 5 dakika haşlayıp süzün. Yağı ısıtın ve tuzu ve soğanı yumuşayana kadar soteleyin. Mantarları ekleyin ve yumuşayana kadar soteleyin. Yengeç etini ekleyin ve 2 dakika kızartın. Fasulye filizlerini ve bambu filizlerini ekleyip 1 dakika kızartın. Süzülen hamuru tavaya ekleyin ve yavaşça karıştırın. Soya sosu, şeker ve susam yağını karıştırıp tuz ve karabiberle tatlandırın. Tamamen ısınana kadar tavada karıştırın.

Domuz eti ile kızarmış yengeç

4 kişi için

30 ml / 2 yemek kaşığı yer fıstığı yağı
100 g / 4 oz kıyma domuz eti (öğütülmüş)
350 g yengeç eti, kuşbaşı edilmiş
2 dilim zencefil kökü, doğranmış
2 yumurta, hafifçe dövülmüş
15 ml / 1 yemek kaşığı soya sosu
15 ml / 1 yemek kaşığı pirinç şarabı veya sek şeri
30 ml / 2 yemek kaşığı su
tuz ve taze çekilmiş karabiber
4 taze soğan (soğan), şeritler halinde kesilmiş

Yağı ısıtın ve eti açık kahverengi olana kadar kızartın. Yengeç etini ve zencefili ekleyip 1 dakika kızartın. Yumurtaları ekleyin. Soya sosu, şarap veya şeri, su, tuz ve karabiber ekleyin ve karıştırarak yaklaşık 4 dakika pişirin. Frenk soğanı ile süsleyerek servis yapın.

Kızartılmış yengeç eti

4 kişi için

30 ml / 2 yemek kaşığı yer fıstığı yağı

1 lb / 450 g yengeç eti, kuşbaşı

2 arpacık soğan (soğan), ince doğranmış

2 dilim zencefil kökü, doğranmış

30 ml / 2 yemek kaşığı soya sosu

30 ml / 2 yemek kaşığı pirinç şarabı veya sek şeri

2,5 ml / ¬Ω çay kaşığı tuz

15 ml / 1 yemek kaşığı mısır unu (mısır nişastası)

60 ml / 4 yemek kaşığı su

Yağı ısıtın ve yengeç etini, taze soğanı ve zencefili 1 dakika kızartın. Soya sosu, şarap veya şeri ve tuzu ekleyin, kapağını kapatın ve 3 dakika pişirin. Mısır unu ve suyu macun kıvamına gelene kadar karıştırın, tavada karıştırın ve sos seyreltilip koyulaşana kadar karıştırarak pişirin.

kızarmış kalamar topları

4 kişi için

450 gr / 1 pound kalamar
50 gr domuz yağı, öğütülmüş
1 yumurta beyazı
2,5 ml / ¬Ω çay kaşığı şeker
2,5 ml / ¬Ω çay kaşığı mısır nişastası (mısır nişastası)
tuz ve taze çekilmiş karabiber
yemek yagı

Kalamarları kesip ezin veya macun haline getirin. Yağ, yumurta akı, şeker ve mısır nişastasını karıştırıp tuz ve karabiberle tatlandırın. Karışımı küçük toplara bastırın. Yağı ısıtın ve gerekirse kalamar köftelerini yağın yüzeyinde yüzüp altın rengi kahverengi olana kadar kızartın. İyice süzün ve hemen servis yapın.

Kanton ıstakozu

4 kişi için

2 ıstakoz

30 ml / 2 yemek kaşığı sıvı yağ

15 ml / 1 yemek kaşığı siyah fasulye sosu

1 diş ezilmiş sarımsak

1 ince doğranmış soğan

225 g / 8 oz kıyma domuz eti (öğütülmüş)

45 ml / 3 yemek kaşığı soya sosu

5 ml / 1 çay kaşığı şeker

tuz ve taze çekilmiş karabiber

15 ml / 1 yemek kaşığı mısır unu (mısır nişastası)

75 ml / 5 yemek kaşığı su

1 çırpılmış yumurta

Istakozu kırın, etini çıkarın ve 2,5 cm'lik küpler halinde kesin. Yağı ısıtın ve siyah fasulye sosunu, sarımsağı ve soğanı hafif altın rengi olana kadar kızartın. Domuz eti ekleyin ve kahverengi olana kadar kızartın. Soya sosu, şeker, tuz, karabiber ve ıstakozu ekleyin, kapağını kapatın ve yaklaşık 10 dakika pişirin. Mısır unu ve suyu macun kıvamına gelene kadar karıştırın, tavada karıştırın ve sos seyreltilip koyulaşana kadar karıştırarak pişirin. Servis yapmadan önce ateşi kapatın ve yumurtayı ekleyin.

kızarmış ıstakoz

4 kişi için

450 g / 1 lb ıstakoz eti

30 ml / 2 yemek kaşığı soya sosu

5 ml / 1 çay kaşığı şeker

1 çırpılmış yumurta

30 ml / 3 yemek kaşığı sade un (çok amaçlı)

yemek yagı

Istakoz etini 2,5 cm/1 küp şeklinde kesin, soya sosu ve şekerle karıştırın. 15 dakika bekletin, sonra süzün. Yumurtayı ve unu karıştırın, ardından ıstakozu ekleyin ve iyice karıştırın. Yağı ısıtın ve ıstakozu altın rengi kahverengi olana kadar kızartın. Servis yapmadan önce kağıt havlu üzerine boşaltın.

Jambonlu buğulanmış ıstakoz

4 kişi için

4 yumurta, hafifçe çırpılmış

60 ml / 4 yemek kaşığı su

5 ml / 1 çay kaşığı tuz

15 ml / 1 yemek kaşığı soya sosu

450 gr ıstakoz eti, kuşbaşı

15 ml / 1 yemek kaşığı kıyılmış füme jambon

15 ml / 1 yemek kaşığı kıyılmış taze maydanoz

Yumurtaları su, tuz ve soya sosuyla çırpın. Fırına dayanıklı bir kaba dökün ve üzerine ıstakoz etini serpin. Kaseyi raftaki buharlı pişiriciye yerleştirin, üzerini örtün ve yumurta sertleşene kadar 20 dakika boyunca buharda pişirin. Jambon ve maydanozla süsleyerek servis yapın.

Mantarlı ıstakoz

4 kişi için

450 g / 1 lb ıstakoz eti

15 ml / 1 yemek kaşığı mısır unu (mısır nişastası)

60 ml / 4 yemek kaşığı su

30 ml / 2 yemek kaşığı yer fıstığı yağı

4 adet taze soğan (soğan), kalın dilimlenmiş

100 gr mantar, dilimlenmiş

2,5 ml / ¬Ω çay kaşığı tuz

1 diş ezilmiş sarımsak

30 ml / 2 yemek kaşığı soya sosu

15 ml / 1 yemek kaşığı pirinç şarabı veya sek şeri

Istakoz etini 2,5 cm'lik küpler halinde kesin. Mısır unu ve suyu macun kıvamına gelinceye kadar karıştırın ve ıstakoz küplerini kaplayacak şekilde karışıma atın. Yağın yarısını ısıtın ve ıstakoz küplerini hafif altın rengi olana kadar kızartın, ardından tavadan çıkarın. Kalan yağı ısıtın ve taze soğanı hafif altın rengi kahverengi olana kadar kızartın. Mantarları ekleyin ve 3 dakika kızartın. Tuz, sarımsak, soya sosu ve şarap veya şeri ekleyip 2 dakika pişirin. Istakozu tekrar tavaya alın ve iyice ısınana kadar pişirin.

Domuz eti ile ıstakoz kuyruğu

4 kişi için

3 kurutulmuş Çin mantarı

4 ıstakoz kuyruğu

60 ml / 4 yemek kaşığı yer fıstığı yağı

100 g / 4 oz kıyma domuz eti (öğütülmüş)

50 g / 2 ons su kestanesi, doğranmış

tuz ve taze çekilmiş karabiber

2 diş ezilmiş sarımsak

45 ml / 3 yemek kaşığı soya sosu

30 ml / 2 yemek kaşığı pirinç şarabı veya sek şeri

30 ml / 2 yemek kaşığı siyah fasulye sosu

10 ml / 2 yemek kaşığı mısır unu (mısır nişastası)

120 ml / 4 fl oz / ¬Ω bardak su

Mantarları ılık suda 30 dakika bekletin, ardından süzün. Sapları atın ve üst kısımlarını kesin. Istakoz kuyruğunu uzunlamasına ikiye bölün. Kabuğu saklayarak eti ıstakoz kuyruğundan çıkarın. Yağın yarısını ısıtın ve eti rengi dönene kadar kızartın. Ateşten alıp mantarları, ıstakoz etini, kestane suyunu, tuzu ve karabiberi ekleyip karıştırın. Eti tekrar ıstakoz kabuğuna bastırın ve bir fırın tepsisine yerleştirin. Buharlı pişiricideki rafa yerleştirin, üzerini örtün ve yumuşayana kadar yaklaşık 20 dakika pişirin. Bu arada kalan yağı ısıtın ve sarımsak, soya sosu, şarap veya şeri ve siyah fasulye sosunu 2 dakika soteleyin. Mısır unu ve suyu macun kıvamına gelinceye kadar karıştırın, tavada karıştırın ve sos koyulaşana kadar karıştırın. Istakozu sıcak servis tabağına alın,

Kızarmış ıstakoz

4 kişi için

450g/1lb ıstakoz kuyruğu

30 ml / 2 yemek kaşığı yer fıstığı yağı

1 diş ezilmiş sarımsak

2,5 ml / ¬Ω çay kaşığı tuz

350 g / 12 ons fasulye filizi

50 g / 2 ons mantar

4 adet taze soğan (soğan), kalın dilimlenmiş

150 ml / ¬° pt / cömert ¬Ω fincan tavuk çorbası

15 ml / 1 yemek kaşığı mısır unu (mısır nişastası)

Bir tencerede suyu kaynatın, ıstakoz kuyruğunu ekleyin ve 1 dakika pişirin. Süzün, soğutun, soyun ve kalın dilimler halinde kesin. Yağı sarımsak ve tuzla ısıtın ve sarımsak hafif altın rengi oluncaya kadar kızartın. Istakozu ekleyin ve 1 dakika kızartın. Fasulye filizlerini ve mantarları ekleyip 1 dakika kızartın. Frenk soğanı ekleyin. Stokun çoğunu ekleyin, kaynatın, üzerini örtün ve 3 dakika pişirin. Mısır ununu kalan et suyuyla karıştırın, tavaya dökün ve sos seyreltilip koyulaşana kadar karıştırarak pişirin.

ıstakoz yuvaları

4 kişi için

30 ml / 2 yemek kaşığı yer fıstığı yağı

5 ml / 1 çay kaşığı tuz

1 kırmızı soğan, ince dilimlenmiş

100 gr mantar, dilimlenmiş

100 gr bambu filizi, dilimlenmiş 225 gr pişmiş ıstakoz eti

15 ml / 1 yemek kaşığı pirinç şarabı veya sek şeri

120 ml / 4 fl oz / ¬Ω bardak tavuk suyu

bir tutam taze çekilmiş biber

10 ml / 2 çay kaşığı mısır unu (mısır nişastası)

15 ml / 1 yemek kaşığı su

4 sepet makarna

Yağı ısıtın ve tuzu ve soğanı yumuşayana kadar soteleyin. Mantarları ve bambu filizlerini ekleyip 2 dakika kızartın. Istakoz etini, şarabı veya şeri ve et suyunu ekleyin, kaynatın, üzerini örtün ve 2 dakika pişirin. Biberle tatlandırın. Mısır unu ve suyu macun kıvamına gelinceye kadar tavada karıştırın ve sos koyulaşana kadar karıştırarak pişirin. Makarna yuvalarını sıcak bir servis tabağına dizin, üzerine kızarmış ıstakoz serpin.

Siyah fasulye soslu midye

4 kişi için

45 ml / 3 yemek kaşığı fıstık yağı (yer fıstığı)
2 diş ezilmiş sarımsak
2 dilim zencefil kökü, doğranmış
30 ml / 2 yemek kaşığı siyah fasulye sosu
15 ml / 1 yemek kaşığı soya sosu
1,5 kg / 3 lbs istiridye, yıkanmış ve traşlanmış
2 arpacık soğan (soğan), ince doğranmış

Yağı ısıtın ve sarımsak ve zencefili 30 saniye kızartın. Siyah fasulye sosunu ve soya sosunu ekleyip 10 saniye karıştırarak kavurun. İstiridyeleri ekleyin, kapağını kapatın ve istiridyeler açılıncaya kadar yaklaşık 6 dakika pişirin. Kapalı kalanları atın. Sıcak bir tabağa koyun ve üzerine frenk soğanı serperek servis yapın.

Zencefilli midye

4 kişi için

45 ml / 3 yemek kaşığı fıstık yağı (yer fıstığı)
2 diş ezilmiş sarımsak
4 dilim zencefil kökü, doğranmış
1,5 kg / 3 lbs istiridye, yıkanmış ve traşlanmış
45 ml / 3 yemek kaşığı su
15 ml / 1 yemek kaşığı istiridye sosu

Yağı ısıtın ve sarımsak ve zencefili 30 saniye kızartın. İstiridyeleri ve suyu ekleyin, kapağını kapatın ve istiridyeler açılıncaya kadar yaklaşık 6 dakika pişirin. Kapalı kalanları atın. Sıcak bir tabağa yerleştirin ve üzerine istiridye sosu gezdirerek servis yapın.

Buğulanmış midye

4 kişi için

1,5 kg / 3 lbs istiridye, yıkanmış ve traşlanmış
45 ml / 3 yemek kaşığı soya sosu
3 taze soğan (soğan), ince doğranmış

Midyeleri buharlı pişiricideki bir rafa yerleştirin, üzerini kapatın ve tüm midyeler açılıncaya kadar yaklaşık 10 dakika boyunca kaynar su üzerinde buharda pişirin. Kapalı kalanları atın. Sıcak bir tabağa koyun, üzerine soya sosu ve soğan gezdirin ve servis yapın.

Kızarmış istiridyeler

4 kişi için

24 adet kabuğu soyulmuş istiridye
tuz ve taze çekilmiş karabiber
1 çırpılmış yumurta
50 g / 2 oz / ¬Ω bardak sade un (çok amaçlı)
250 ml / 8 fl oz / 1 su bardağı su
yemek yagı
4 arpacık soğan (yeşil soğan), ince doğranmış

İstiridyelere tuz ve karabiber serpin. Yumurtayı un ve suyla çırpın ve istiridyeleri kaplamak için kullanın. Yağı ısıtın ve istiridyeleri altın rengi kahverengi olana kadar kızartın. Kağıt havlu üzerine alıp, frenk soğanı ile süsleyerek servis yapın.

pastırmalı istiridye

4 kişi için

175 g / 6 ons pastırma

24 adet kabuğu soyulmuş istiridye

1 yumurta, hafifçe çırpılmış

15 ml / 1 yemek kaşığı su

45 ml / 3 yemek kaşığı fıstık yağı (yer fıstığı)

2 ince doğranmış soğan

15 ml / 1 yemek kaşığı mısır unu (mısır nişastası)

15 ml / 1 yemek kaşığı soya sosu

90 ml / 6 yemek kaşığı tavuk suyu

Pastırmayı parçalara ayırın ve her istiridyenin etrafına bir parça sarın. Yumurtayı suyla çırpın, ardından kaplamak için istiridyeye batırın. Yağın yarısını ısıtın ve istiridyeleri her iki tarafı da hafifçe kızarana kadar kızartın, ardından tavadan çıkarın ve yağı boşaltın. Kalan yağı ısıtın ve soğanı yumuşayana kadar kızartın. Mısır unu, soya sosu ve et suyunu macun kıvamına gelinceye kadar karıştırın, tavaya dökün ve sos seyreltilip koyulaşıncaya kadar karıştırarak pişirin. İstiridyelerin üzerine dökün ve hemen servis yapın.

Zencefil ile kızarmış istiridye

4 kişi için

24 adet kabuğu soyulmuş istiridye
2 dilim zencefil kökü, doğranmış
30 ml / 2 yemek kaşığı soya sosu
15 ml / 1 yemek kaşığı pirinç şarabı veya sek şeri
4 taze soğan (soğan), şeritler halinde kesilmiş
100 gr pastırma
1 yumurta
50 g / 2 oz / ¬Ω bardak sade un (çok amaçlı)
tuz ve taze çekilmiş karabiber
yemek yagı
1 limon dilimler halinde kesilmiş

İstiridyeleri zencefil, soya sosu ve şarap veya şeri ile birlikte bir kaseye koyun ve kaplayın. 30 dakika dinlenmeye bırakın. Her istiridyenin üzerine birkaç frenk soğanı koyun. Pastırmayı parçalara ayırın ve her istiridyenin etrafına bir parça sarın. Yumurtayı ve unu hamur haline getirin, tuz ve karabiber ekleyin. İstiridyeleri iyice kaplanıncaya kadar hamurun içine batırın. Yağı ısıtın ve istiridyeleri altın rengi kahverengi olana kadar kızartın. Limon dilimleriyle süsleyerek servis yapın.

Siyah fasulye soslu istiridye

4 kişi için

350 g / 12 ons kabuğu soyulmuş istiridye

120 ml / 4 fl oz / ¬Ω bardak fıstık yağı

2 diş ezilmiş sarımsak

3 taze soğan (soğan), dilimlenmiş

15 ml / 1 yemek kaşığı siyah fasulye sosu

30 ml / 2 yemek kaşığı koyu soya sosu

15 ml / 1 yemek kaşığı susam yağı

bir tutam pul biber

İstiridyeleri kaynar suda 30 saniye pişirin, ardından süzün. Yağı ısıtın ve sarımsak ve taze soğanı 30 saniye kızartın. Siyah fasulye sosunu, soya sosunu, susam yağını ve istiridyeyi ekleyip biber tozuyla tatlandırın. Sıcak pişirin ve hemen servis yapın.

Bambu filizleri ile tarak

4 kişi için

60 ml / 4 yemek kaşığı yer fıstığı yağı

6 adet taze soğan (soğan), ince doğranmış

225 gr mantar, dörde bölünmüş

15 ml / 1 yemek kaşığı şeker

450 g / 1 lb kabuklu istiridye

2 dilim zencefil kökü, doğranmış

225 g / 8 ons bambu filizleri, dilimlenmiş

tuz ve taze çekilmiş karabiber

300 ml / ¬Ω pt / 1 ¬° bardak su

30 ml / 2 yemek kaşığı şarap sirkesi

30 ml / 2 yemek kaşığı mısır unu (mısır nişastası)

150 ml / ¬° pt / cömert ¬Ω bardak su

45 ml / 3 yemek kaşığı soya sosu

Yağı ısıtın ve taze soğanları ve mantarları 2 dakika kızartın. Şekeri, istiridyeyi, zencefili, bambu filizini, tuzu ve karabiberi ekleyin, kapağını kapatın ve 5 dakika pişirin. Su ve şarap sirkesini ekleyin, kaynatın, kapağını kapatın ve 5 dakika pişirin. Mısır unu ve suyu macun kıvamına gelinceye kadar tavada karıştırın ve sos koyulaşana kadar karıştırarak pişirin. Soya sosuyla tatlandırıp servis yapın.

Yumurtalı tarak

4 kişi için

45 ml / 3 yemek kaşığı fıstık yağı (yer fıstığı)
350 g / 12 oz kabuklu istiridye
25 g / 1 oz füme jambon, doğranmış
30 ml / 2 yemek kaşığı pirinç şarabı veya sek şeri
5 ml / 1 çay kaşığı şeker
2,5 ml / ¬Ω çay kaşığı tuz
bir tutam taze çekilmiş biber
2 yumurta, hafifçe dövülmüş
15 ml / 1 yemek kaşığı soya sosu

Yağı ısıtın ve midyeleri 30 saniye kızartın. Jambonu ekleyin ve 1 dakika kızartın. Şarap veya şeri, şeker, tuz ve karabiberi ekleyip 1 dakika pişirin. Yumurtaları ekleyin ve malzemeler yumurtayla iyice kaplanana kadar yüksek ateşte yavaşça karıştırın. Üzerine soya sosu serperek servis yapın.

Brokoli ile tarak

4 kişi için

12oz/350g istiridye, dilimlenmiş

3 dilim zencefil kökü, doğranmış

¬Ω küçük havuç, dilimlenmiş

1 diş ezilmiş sarımsak

45 ml / 3 yemek kaşığı sade un (çok amaçlı)

2,5 ml / ¬Ω çay kaşığı karbonat (sodyum bikarbonat)

30 ml / 2 yemek kaşığı yer fıstığı yağı

15 ml / 1 yemek kaşığı su

1 dilimlenmiş muz

yemek yagı

275 gr / 10 ons brokoli

tuz

5 ml / 1 çay kaşığı susam yağı

2,5 ml / ¬Ω çay kaşığı biber sosu

2,5 ml / ¬Ω çay kaşığı şarap sirkesi

2,5 ml / ¬Ω çay kaşığı domates salçası (makarna)

İstiridyeleri zencefil, havuç ve sarımsakla karıştırıp dinlenmeye bırakın. Un, karbonat, 15 ml / 1 yemek kaşığı sıvı yağ ve suyu macun kıvamına gelene kadar karıştırıp muz dilimlerini kaplayın. Yağı ısıtın ve muzları altın rengi olana kadar kızartın, ardından süzün ve sıcak servis tabağına yerleştirin. Bu arada brokolileri tuzlu suda yumuşayana kadar pişirin, ardından süzün. Kalan yağı susam yağıyla ısıtıp brokolileri bir süre kavurduktan sonra muzla birlikte tabağın etrafına dizin. Tavaya biber sosunu, şarap sirkesini ve domates salçasını ekleyip tarakları pişirin. Servis kasesine alıp hemen servis yapın.

Zencefil ile tarak

4 kişi için

45 ml / 3 yemek kaşığı fıstık yağı (yer fıstığı)
2,5 ml / ¬Ω çay kaşığı tuz
3 dilim zencefil kökü, doğranmış
2 adet taze soğan (soğan), kalın dilimlenmiş
450 g kabuklu istiridye, ikiye bölünmüş
15 ml / 1 yemek kaşığı mısır unu (mısır nişastası)
60 ml / 4 yemek kaşığı su

Yağı ısıtın ve tuzu ve zencefili 30 saniye kızartın. Frenk soğanını ekleyip hafifçe kavurun. Deniz taraklarını ekleyin ve 3 dakika kızartın. Mısır unu ve suyu macun kıvamına gelinceye kadar karıştırıp tavaya ekleyin ve koyulaşana kadar karıştırarak pişirin. Hemen servis yapın.

Jambonlu tarak

4 kişi için

450 g kabuklu istiridye, ikiye bölünmüş

250 ml / 8 fl oz / 1 bardak pirinç şarabı veya sek şeri

1 ince doğranmış soğan

2 dilim zencefil kökü, doğranmış

2,5 ml / ¬Ω çay kaşığı tuz

100 gr füme jambon, doğranmış

Deniz taraklarını bir kaseye koyun ve şarap veya şeri ekleyin. Kapağını kapatıp 30 dakika marine edin, ara sıra çevirin, ardından tarakları süzün ve turşuyu atın. Deniz taraklarını diğer malzemelerle birlikte yanmaz bir kaba koyun. Yemeği buharlı pişiriciye rafın üzerine yerleştirin, üzerini örtün ve taraklar yumuşayana kadar yaklaşık 6 dakika kaynar su üzerinde buharda pişirin.

Otlu midye

4 kişi için

225 g / 8 oz kabuklu deniz tarağı

30 ml / 2 yemek kaşığı doğranmış taze kişniş

4 çırpılmış yumurta

15 ml / 1 yemek kaşığı pirinç şarabı veya sek şeri

tuz ve taze çekilmiş karabiber

15 ml / 1 yemek kaşığı yer fıstığı yağı

Deniz taraklarını buharlı pişiriciye yerleştirin ve boyutuna bağlı olarak yaklaşık 3 dakika pişene kadar buharda pişirin. Tencereden çıkarın ve üzerine kişniş serpin. Yumurtaları şarap veya şeri ile çırpın ve tadına göre tuz ve karabiber ekleyin. İstiridye ve kişnişi ekleyin. Yağı ısıtın ve kabuklu deniz ürünleri-yumurta karışımını, yumurta sertleşinceye kadar sürekli karıştırarak kızartın. Derhal servis yapın.

Kızartılmış midye ve soğan

4 kişi için

45 ml / 3 yemek kaşığı fıstık yağı (yer fıstığı)

1 ince doğranmış soğan

450 gr kabuklu deniz tarağı, dörde bölünmüş
tuz ve taze çekilmiş karabiber
15 ml / 1 yemek kaşığı pirinç şarabı veya sek şeri

Yağı ısıtın ve soğanı yumuşayana kadar buharda pişirin. Deniz taraklarını ekleyin ve altın kahverengi olana kadar hafifçe kızartın. Tuz ve karabiberle tatlandırın, şarap veya şeri ile cilalayın ve hemen servis yapın.

Sebzeli tarak

4'6'ya kadar

4 kurutulmuş Çin mantarı

2 soğan

30 ml / 2 yemek kaşığı yer fıstığı yağı

Çapraz olarak kesilmiş 3 sap kereviz

225 gr yeşil fasulye, çapraz kesilmiş

10 ml / 2 çay kaşığı rendelenmiş zencefil kökü

1 diş ezilmiş sarımsak

20 ml / 4 çay kaşığı mısır unu (mısır nişastası)

250 ml / 8 fl oz / 1 su bardağı tavuk suyu

30 ml / 2 yemek kaşığı pirinç şarabı veya sek şeri

30 ml / 2 yemek kaşığı soya sosu

450 gr kabuklu deniz tarağı, dörde bölünmüş

6 taze soğan (soğan), dilimlenmiş

425 g / 15 oz koçanda konserve mısır

Mantarları ılık suda 30 dakika bekletin, ardından süzün. Sapları atın ve üst kısımlarını kesin. Soğanı dilimler halinde kesin, katmanları ayırın. Yağı ısıtın ve soğanı, kerevizi, fasulyeyi, zencefili ve sarımsağı 3 dakika kızartın. Mısır ununu biraz et suyuyla karıştırın ve geri kalan et suyu, şarap veya şeri ve soya sosuyla karıştırın. Wok'a ekleyin ve kaynayana kadar karıştırarak ısıtın. Mantarları, deniz tarağını, yeşil soğanı ve mısırı ekleyin ve deniz tarağı yumuşayana kadar yaklaşık 5 dakika soteleyin.

Kırmızı biberli tarak

4 kişi için

30 ml / 2 yemek kaşığı yer fıstığı yağı

3 arpacık soğan (yeşil soğan), ince doğranmış

1 diş ezilmiş sarımsak

2 dilim zencefil kökü, doğranmış

2 kırmızı biber, doğranmış

450 g / 1 lb kabuklu istiridye

30 ml / 2 yemek kaşığı pirinç şarabı veya sek şeri

15 ml / 1 yemek kaşığı soya sosu

15 ml / 1 yemek kaşığı sarı fasulye sosu

5 ml / 1 çay kaşığı şeker

5 ml / 1 çay kaşığı susam yağı

Yağı ısıtın ve taze soğanı, sarımsağı ve zencefili 30 saniye kızartın. Kırmızı biberi ekleyin ve 1 dakika kızartın. Deniz taraklarını ekleyin ve 30 saniye kızartın, ardından geri kalan malzemeleri ekleyin ve yakl. Deniz tarakları yumuşayana kadar 3 dakika.

Fasulye filizli kalamar

4 kişi için

450 gr / 1 kilo kalamar
30 ml / 2 yemek kaşığı yer fıstığı yağı
15 ml / 1 yemek kaşığı pirinç şarabı veya sek şeri
100 g / 4 ons fasulye filizi
15 ml / 1 yemek kaşığı soya sosu
tuz
1 kırmızı biber, rendelenmiş
2 dilim rendelenmiş zencefil kökü
2 adet rendelenmiş soğan

Kalamarın kafasını, bağırsaklarını ve zarını çıkarın ve büyük parçalar halinde kesin. Her parçaya çapraz desen kesin. Bir tencereye suyu kaynatın, kalamar ekleyin ve parçalar kıvrılıncaya kadar kısık ateşte pişirin, çıkarın ve süzün. Yağın yarısını ısıtın ve kalamarları hızlıca kızartın. Üzerine şarap veya şeri dökün. Bu arada kalan yağı ısıtın ve fasulye filizlerini yumuşayana kadar kızartın. Soya sosu ve tuzla tatlandırın. Servis tabağının etrafına kırmızı biberi, zencefili ve sarımsağı dizin. Ortasına fasulye filizlerini dizin ve üzerine kalamarları yerleştirin. Hemen servis yapın.

Kızarmış ahtapot

4 kişi için

50 gr sade un (çok amaçlı)

25 g / 1 oz / ¬° bardak mısır nişastası (mısır nişastası)

2,5 ml / ¬Ω çay kaşığı kabartma tozu

2,5 ml / ¬Ω çay kaşığı tuz

1 yumurta

75 ml / 5 yemek kaşığı su

15 ml / 1 yemek kaşığı yer fıstığı yağı

450 g / 1 lb halkalar halinde kesilmiş kalamar

yemek yagı

Un, mısır nişastası, kabartma tozu, tuz, yumurta, su ve yağı karıştırıp hamur haline getirin. Kalamarları iyice kaplanıncaya kadar hamurun içine batırın. Yağı ısıtın ve kalamarları altın kahverengi olana kadar birer birer kızartın. Servis yapmadan önce kağıt havlu üzerine boşaltın.

kalamar paketleri

4 kişi için

8 kurutulmuş Çin mantarı

450 gr / 1 kilo kalamar

100 g / 4 oz füme jambon

100 g / 4 ons tofu

1 çırpılmış yumurta

15 ml / 1 yemek kaşığı sade un (çok amaçlı)

2,5 ml / ¬Ω çay kaşığı şeker

2,5 ml / ¬Ω çay kaşığı susam yağı

tuz ve taze çekilmiş karabiber

8 wonton görünümü

yemek yagı

Mantarları ılık suda 30 dakika bekletin, ardından süzün. Sapları atın. Kalamarları soyun ve 8 parçaya bölün. Jambonu ve tofuyu 8 parçaya bölün. Hepsini bir kaseye koyun. Yumurtaları un, şeker, susam yağı, tuz ve karabiberle karıştırın. Malzemeleri bir kaseye dökün ve dikkatlice karıştırın. Her wonton kabuğunun ortasına bir mantar kapağı ve bir parça kalamar, jambon ve tofu yerleştirin. Alt köşeyi katlayın, yanları katlayın, sonra yuvarlayın, kenarları su ile ıslatarak kapatın. Yağı ısıtın ve köfteleri yaklaşık 8 dakika içinde altın rengi kahverengi olana kadar kızartın. Servis yapmadan önce iyice süzün.

kızarmış kalamar rulo

4 kişi için

45 ml / 3 yemek kaşığı fıstık yağı (yer fıstığı)
225g / 8oz kalamar halkaları
1 büyük yeşil biber, parçalar halinde kesilmiş
100 g / 4 ons bambu filizleri, dilimlenmiş
2 diş sarımsak (soğan), doğranmış
1 dilim zencefil kökü, doğranmış
45 ml / 2 yemek kaşığı soya sosu
30 ml / 2 yemek kaşığı pirinç şarabı veya sek şeri
15 ml / 1 yemek kaşığı mısır unu (mısır nişastası)

15 ml / 1 yemek kaşığı balık suyu veya su
5 ml / 1 çay kaşığı şeker
5 ml / 1 çay kaşığı şarap sirkesi
5 ml / 1 çay kaşığı susam yağı
tuz ve taze çekilmiş karabiber

15 ml / 1 yemek kaşığı yağı ısıtın ve kalamar pişene kadar hızlıca kızartın. Bu arada kalan yağı ayrı bir tavada ısıtın ve içinde kırmızı biber, bambu filizi, taze soğan ve zencefili 2 dakika kızartın. Kalamarları ekleyip 1 dakika kavurun. Soya sosu, şarap veya şeri, mısır unu, et suyu, şeker, şarap sirkesi ve susam yağını ekleyin, ardından tuz ve karabiberle tatlandırın. Sos temizlenip koyulaşana kadar pişirin.

Kızarmış kalamar

4 kişi için

45 ml / 3 yemek kaşığı fıstık yağı (yer fıstığı)
3 adet taze soğan (soğan), kalın dilimlenmiş
2 dilim zencefil kökü, doğranmış

450 g / 1 lb kalamar, parçalar halinde kesilmiş
15 ml / 1 yemek kaşığı soya sosu
15 ml / 1 yemek kaşığı pirinç şarabı veya sek şeri
5 ml / 1 çay kaşığı mısır unu (mısır nişastası)
15 ml / 1 yemek kaşığı su

Yağı ısıtın ve frenk soğanı ile zencefili yumuşayana kadar kızartın. Kalamarları ekleyip yağla kaplanana kadar kızartın. Soya sosunu ve şarabı veya şeri ekleyin, üzerini örtün ve 2 dakika pişirin. Mısır unu ve suyu macun kıvamına gelinceye kadar karıştırıp tavaya ekleyin ve kısık ateşte sos koyulaşıp kalamar pişene kadar karıştırarak pişirin.

Kurutulmuş mantarlı kalamar

4 kişi için

50 gr kurutulmuş Çin mantarı
450 g / 1 lb kalamar halkaları
45 ml / 3 yemek kaşığı fıstık yağı (yer fıstığı)
45 ml / 3 yemek kaşığı soya sosu
2 diş sarımsak (soğan), doğranmış
1 dilim zencefil kökü, doğranmış
225 gr bambu filizi, şeritler halinde kesilmiş
30 ml / 2 yemek kaşığı mısır unu (mısır nişastası)
150 ml / ¬° pt / cömert ¬Ω bardak balık suyu

Mantarları ılık suda 30 dakika bekletin, ardından süzün. Sapları atın ve üst kısımlarını kesin. Kalamarları kaynar suda birkaç saniye haşlayın. Yağı ısıtın, ardından mantarları, soya sosunu, taze soğanı ve zencefili ekleyip 2 dakika kızartın. Kalamar ve bambu filizlerini ekleyip 2 dakika kızartın. Mısır unu ve suyu karıştırın, ardından tavada karıştırın. Sos seyreltilip koyulaşıncaya kadar karıştırarak kısık ateşte pişirin.

Sebzeli kalamar

4 kişi için
45 ml / 3 yemek kaşığı fıstık yağı (yer fıstığı)
1 ince doğranmış soğan
5 ml / 1 çay kaşığı tuz
450 g / 1 lb kalamar, parçalar halinde kesilmiş
100 g / 4 ons bambu filizleri, dilimlenmiş
2 sap kereviz çapraz kesilmiş
60 ml / 4 yemek kaşığı tavuk suyu
5 ml / 1 çay kaşığı şeker
100 g / 4 oz kar bezelyesi
5 ml / 1 çay kaşığı mısır unu (mısır nişastası)

15 ml / 1 yemek kaşığı su

Yağı ısıtın ve soğanı ve tuzu hafifçe kızartın. Kalamarları ekleyip yumuşayana kadar yağda kızartın. Bambu filizlerini ve kerevizi ekleyip 3 dakika kızartın. Et suyunu ve şekeri ekleyin, kaynatın, kapağını kapatın ve sebzeler yumuşayana kadar 3 dakika pişirin. Mangetout'u ekleyin. Mısır unu ve suyu macun kıvamına gelinceye kadar tavada karıştırın ve sos koyulaşana kadar karıştırarak pişirin.

Anasonlu kızarmış dana eti

4 kişi için

30 ml / 2 yemek kaşığı yer fıstığı yağı
450g / 1lb fileto biftek
1 diş ezilmiş sarımsak
45 ml / 3 yemek kaşığı soya sosu
15 ml / 1 yemek kaşığı su
15 ml / 1 yemek kaşığı pirinç şarabı veya sek şeri
5 ml / 1 çay kaşığı tuz
5 ml / 1 çay kaşığı şeker
2 diş yıldız anason

Yağı ısıtın ve etin her tarafı kızarana kadar kızartın. Diğer malzemeleri ekleyin, kaynatın, kapağını kapatın ve yaklaşık 15 dakika pişirin. 45 dakika sonra eti ters çevirin ve et kuruysa biraz su ve soya sosu ekleyin. Etler yumuşayana kadar 45 dakika daha pişirin. Servis yapmadan önce yıldız anasonunu atın.

Kuşkonmazlı dana eti

4 kişi için

450g / 1lb sığır filetosu, doğranmış
30 ml / 2 yemek kaşığı soya sosu
30 ml / 2 yemek kaşığı pirinç şarabı veya sek şeri
45 ml / 3 yemek kaşığı mısır unu (mısır nişastası)
45 ml / 3 yemek kaşığı fıstık yağı (yer fıstığı)
5 ml / 1 çay kaşığı tuz
1 diş ezilmiş sarımsak
350 g / 12 oz kuşkonmaz uçları
120 ml / 4 fl oz / ¬Ω bardak tavuk suyu
15 ml / 1 yemek kaşığı soya sosu

Biftekleri bir kaseye yerleştirin. Soya sosu, şarap veya şeri ve 30 ml / 2 yemek kaşığı mısır ununu karıştırın, bifteğin üzerine dökün ve iyice karıştırın. 30 dakika kadar yumuşamasını bekleyin. Yağı tuz ve sarımsakla ısıtın ve sarımsak açık altın kahverengi olana kadar kızartın. Eti ve turşuyu ekleyin ve 4 dakika kızartın. Kuşkonmazı ekleyin ve 2 dakika boyunca yavaşça kızartın. Et suyunu ve soya sosunu ekleyip kaynatın ve et yumuşayana kadar 3 dakika pişirin. Mısır ununun geri kalanını biraz daha su veya et suyuyla karıştırıp sosun içine karıştırın. Sos incelip koyulaşana kadar karıştırarak birkaç dakika pişirin.

Bambu filizli dana eti

4 kişi için

45 ml / 3 yemek kaşığı fıstık yağı (yer fıstığı)

1 diş ezilmiş sarımsak

1 taze soğan (soğan), ince doğranmış

1 dilim zencefil kökü, doğranmış

225 gr yağsız sığır eti, şeritler halinde kesilmiş

100 g / 4 ons bambu filizleri

45 ml / 3 yemek kaşığı soya sosu

15 ml / 1 yemek kaşığı pirinç şarabı veya sek şeri

5 ml / 1 çay kaşığı mısır unu (mısır nişastası)

Yağı ısıtın ve sarımsak, taze soğan ve zencefili hafif altın rengi olana kadar kızartın. Eti ekleyin ve 4 dakika içinde açık kahverengi olana kadar kızartın. Bambu filizlerini ekleyin ve 3 dakika kızartın. Soya sosu, şarap veya şeri ve mısır nişastasını ekleyip 4 dakika pişirin.

Bambu filizi ve mantarlı dana eti

4 kişi için

225 g / 8 ons yağsız sığır eti

45 ml / 3 yemek kaşığı fıstık yağı (yer fıstığı)

1 dilim zencefil kökü, doğranmış

100 g / 4 ons bambu filizleri, dilimlenmiş

100 gr mantar, dilimlenmiş

45 ml / 3 yemek kaşığı pirinç şarabı veya sek şeri

5 ml / 1 çay kaşığı şeker

10 ml / 2 çay kaşığı soya sosu

tuz biber

120 ml / 4 fl oz / ¬Ω bardak et suyu

15 ml / 1 yemek kaşığı mısır unu (mısır nişastası)

30 ml / 2 yemek kaşığı su

Eti tahıllara karşı ince dilimler halinde kesin. Yağı ısıtın ve zencefili birkaç saniye kızartın. Eti ekleyin ve kahverengi olana kadar kızartın. Bambu filizlerini ve mantarları ekleyip 1 dakika kızartın. Şarap veya şeri, şeker ve soya sosunu ekleyin, ardından tuz ve karabiberle tatlandırın. Stok ekleyin, kaynatın, üzerini örtün ve 3 dakika pişirin. Mısır unu ve suyu tavada karıştırın ve sos koyulaşana kadar karıştırın.

Çin Kızarmış Sığır Eti

4 kişi için

45 ml / 3 yemek kaşığı fıstık yağı (yer fıstığı)

900 g / 2 lbs antrikot biftek

1 taze soğan (soğan), dilimlenmiş

1 diş kıyılmış sarımsak

1 dilim zencefil kökü, doğranmış

60 ml / 4 yemek kaşığı soya sosu

30 ml / 2 yemek kaşığı pirinç şarabı veya sek şeri

5 ml / 1 çay kaşığı şeker

5 ml / 1 çay kaşığı tuz

bir tutam biber

750 ml / 1 st / 3 su bardağı kaynar su

Yağı ısıtın ve eti her taraftan hızla kızartın. Yeşil soğan, sarımsak, zencefil, soya sosu, şarap veya şeri, şeker, tuz ve karabiber ekleyin. Karıştırırken kaynatın. Suyu kaynatın, karıştırarak tekrar kaynatın, kapağını kapatın ve etler yumuşayana kadar yaklaşık 2 saat pişirin.

Fasulye filizli dana eti

4 kişi için

450g/1lb yağsız sığır eti, dilimlenmiş

1 yumurta beyazı

30 ml / 2 yemek kaşığı yer fıstığı yağı

15 ml / 1 yemek kaşığı mısır unu (mısır nişastası)

15 ml / 1 yemek kaşığı soya sosu

100 g / 4 ons fasulye filizi

1 oz / 25 gr lahana turşusu, doğranmış

1 kırmızı biber, rendelenmiş

2 adet rendelenmiş soğan

2 dilim rendelenmiş zencefil kökü

tuz

5 ml / 1 çay kaşığı istiridye sosu

5 ml / 1 çay kaşığı susam yağı

Eti yumurta akı, yağın yarısı, mısır nişastası ve soya sosuyla karıştırıp 30 dakika dinlendirin. Fasulye filizlerini kaynar suda neredeyse pişene kadar yaklaşık 8 dakika pişirin, ardından süzün. Kalan yağı ısıtın ve eti hafifçe kızartın, ardından tavadan çıkarın. Lahana turşusunu, kırmızı biberi, zencefili, tuzu, istiridye sosunu ve susam yağını ekleyip 2 dakika karıştırarak kavurun. Fasulye filizlerini ekleyip 2 dakika kavurun. Eti tekrar tavaya alın ve iyice karışıp iyice ısınana kadar kızartın. Hemen servis yapın.

Brokolili biftek

4 kişi için

450 gr / 1 kg bonfile, ince dilimlenmiş
30 ml / 2 yemek kaşığı mısır unu (mısır nişastası)
15 ml / 1 yemek kaşığı pirinç şarabı veya sek şeri
15 ml / 1 yemek kaşığı soya sosu
30 ml / 2 yemek kaşığı yer fıstığı yağı
5 ml / 1 çay kaşığı tuz
1 diş ezilmiş sarımsak
225 g / 8 ons brokoli çiçeği
150 ml / ¬° pt / cömert ¬Ω bardak et suyu

Biftekleri bir kaseye yerleştirin. 15 ml / 1 yemek kaşığı mısır ununu şarap veya şeri ve soya sosuyla karıştırın, ete ekleyin ve 30 dakika marine edin. Yağı tuz ve sarımsakla ısıtın ve sarımsak açık altın kahverengi olana kadar kızartın. Biftek ve turşuyu ekleyin ve 4 dakika pişirin. Brokoliyi ekleyin ve 3 dakika kızartın. Et suyunu ekleyin, kaynatın, kapağını kapatın ve brokoli yumuşayana ama yine de gevrek olana kadar 5 dakika pişirin. Geriye kalan mısır ununu bir miktar suyla karıştırıp sosun içine karıştırın. Sos seyreltilip koyulaşıncaya kadar karıştırarak kısık ateşte pişirin.

Susam ve brokoli ile sığır eti

4 kişi için

150 gr/5 oz yağsız dana eti, ince dilimlenmiş
2,5 ml / ½ çay kaşığı istiridye sosu
5 ml / 1 çay kaşığı mısır unu (mısır nişastası)
5 ml / 1 çay kaşığı beyaz sirke
60 ml / 4 yemek kaşığı yer fıstığı yağı
100 g / 4 oz brokoli çiçeği
5 ml / 1 çay kaşığı balık sosu
2,5 ml / ½ çay kaşığı soya sosu
250 ml / 8 fl oz / 1 su bardağı et suyu
30 ml / 2 yemek kaşığı susam

Eti istiridye sosu, 2,5 ml / ½ çay kaşığı mısır unu, 2,5 ml / ½ çay kaşığı şarap sirkesi ve 15 ml / 1 yemek kaşığı yağ ile 1 saat marine edin.

Bu arada 15 ml / 1 yemek kaşığı yağı ısıtın, brokoli, 2,5 ml / ½ çay kaşığı balık sosu, soya sosu ve kalan şarap sirkesini ekleyin ve üzerine kaynar su dökün. Kısık ateşte yaklaşık 10 dakika yumuşayana kadar pişirin.

Ayrı bir tavada 30 ml / 2 yemek kaşığı yağı ısıtın ve eti pişene kadar bir süre kızartın. Et suyunu, kalan mısır unu ve balık sosunu ekleyin, kaynatın, üzerini örtün ve et yumuşayana kadar yaklaşık 10 dakika pişirin. Brokoliyi boşaltın ve sıcak bir tabağa koyun. Üstüne et serpin ve cömertçe susam serpin.

Şnitzel

4 kişi için

450g/1lb yağsız biftek, dilimlenmiş
60 ml / 4 yemek kaşığı soya sosu
2 diş ezilmiş sarımsak
5 ml / 1 çay kaşığı tuz
2,5 ml / ¬Ω çay kaşığı taze çekilmiş biber
10 ml / 2 çay kaşığı şeker

Tüm malzemeleri karıştırın ve 3 saat marine etmeye bırakın. Her iki tarafta yaklaşık 5 dakika boyunca sıcak bir ızgarada ızgara yapın veya kızartın (kızartın).

Kanton sığır eti

4 kişi için

30 ml / 2 yemek kaşığı mısır unu (mısır nişastası)

2 adet çırpılmış yumurta akı

450g / 1lb biftek, şeritler halinde kesilmiş

yemek yagı

4 sap kereviz, dilimlenmiş

2 ince doğranmış soğan

60 ml / 4 yemek kaşığı su

20 ml / 4 çay kaşığı tuz
75 ml / 5 yemek kaşığı soya sosu
60 ml / 4 yemek kaşığı pirinç şarabı veya sek şeri
30 ml / 2 yemek kaşığı şeker
taze kara biber

Mısır nişastasının yarısını yumurta akı ile karıştırın. Biftek ekleyin ve etin karışımla kaplanması için karıştırın. Yağı ısıtın ve bifteği altın kahverengi olana kadar kızartın. Tavadan alıp kağıt havlu üzerine alıp suyunu süzün. 15 ml / 1 yemek kaşığı yağı ısıtıp kereviz ve soğanı 3 dakika kızartın. Eti, suyu, tuzu, soya sosunu, şarabı veya şeri ve şekeri ekleyin, ardından biberle tatlandırın. Kaynatın ve sos koyulaşana kadar karıştırarak pişirin.

Havuçlu dana eti

4 kişi için

30 ml / 2 yemek kaşığı yer fıstığı yağı
450g / 1lb yağsız sığır eti, doğranmış
2 soğan (soğan), dilimlenmiş
2 diş ezilmiş sarımsak
1 dilim zencefil kökü, doğranmış
250 ml / 8 fl oz / 1 su bardağı soya sosu
30 ml / 2 yemek kaşığı pirinç şarabı veya sek şeri
30 ml / 2 yemek kaşığı esmer şeker

5 ml / 1 çay kaşığı tuz

600 ml / 1 pt / 2 Ω bardak su

Çapraz olarak dilimlenmiş 4 havuç

Yağı ısıtın ve eti hafifçe kızarana kadar kızartın. Fazla yağı boşaltın ve frenk soğanı, sarımsak, zencefil ve anasonu ekleyip 2 dakika kızartın. Soya sosu, şarap veya şeri, şeker ve tuzu ekleyip iyice karıştırın. Suyu ekleyin, kaynatın, kapağını kapatın ve 1 saat pişirin. Havuçları ekleyin, kapağını kapatın ve 30 dakika daha pişirin. Kapağı çıkarın ve sos buharlaşana kadar pişirin.

Kaju fıstığı ile sığır eti

4 kişi için

60 ml / 4 yemek kaşığı yer fıstığı yağı

450 gr / 1 kg bonfile, ince dilimlenmiş

8 adet taze soğan (soğan), ince doğranmış

2 diş ezilmiş sarımsak

1 dilim zencefil kökü, doğranmış

75 g / 3 oz / ¬œ bardak kavrulmuş kaju fıstığı

120 ml / 4 fl oz / ¬Ω bardak su

20 ml / 4 çay kaşığı mısır unu (mısır nişastası)

20 ml / 4 çay kaşığı soya sosu

5 ml / 1 çay kaşığı susam yağı

5 ml / 1 çay kaşığı istiridye sosu

5 ml / 1 çay kaşığı biber sosu

Yağın yarısını ısıtın ve eti hafifçe kızarana kadar kızartın. Tavadan çıkarın. Kalan yağı ısıtın ve taze soğanı, sarımsağı, zencefili ve kajuyu 1 dakika kızartın. Eti tavaya geri koyun. Diğer malzemeleri karıştırıp tencereye dökün. Kaynatın ve karışım koyulaşana kadar karıştırarak pişirin.

yavas pismis biftek yahnisi

4 kişi için

30 ml / 2 yemek kaşığı yer fıstığı yağı
450g/1lb rosto sığır eti, doğranmış
3 dilim zencefil kökü, doğranmış
3 dilimlenmiş havuç
1 adet doğranmış şalgam
15 ml / 1 yemek kaşığı siyah hurma, ezilmiş
15 ml / 1 yemek kaşığı lotus tohumu
30 ml / 2 yemek kaşığı domates salçası (makarna)
10 ml / 2 yemek kaşığı tuz
900 ml / 1¬Ω pt / 3¬œ bardak et suyu
250 ml / 8 fl oz / 1 bardak pirinç şarabı veya sek şeri

Yağı büyük bir fırına dayanıklı tencere veya tavada ısıtın ve etleri her tarafı pişene kadar kızartın.

Karnabaharlı dana eti

4 kişi için

225 g / 8 oz karnabahar çiçeği

yemek yagı

225 g / 8 ons sığır eti, şeritler halinde kesilmiş

50 gram bambu filizi, şeritler halinde kesilmiş

Şeritler halinde kesilmiş 10 adet su kestanesi

120 ml / 4 fl oz / ¬Ω bardak tavuk suyu

15 ml / 1 yemek kaşığı soya sosu

15 ml / 1 yemek kaşığı istiridye sosu

15 ml / 1 yemek kaşığı domates salçası (makarna)

15 ml / 1 yemek kaşığı mısır unu (mısır nişastası)

2,5 ml / ¬Ω çay kaşığı susam yağı

Karnabaharı kaynar suda 2 dakika haşlayıp süzün. Yağı ısıtın ve karnabaharı hafif altın rengi kahverengi olana kadar kızartın. Kağıt havlu üzerine çıkarıp süzün. Yağı tekrar ısıtın ve eti hafifçe kızarana kadar kızartın, ardından çıkarın ve süzün. Yağ hariç 15 ml / 1 yemek kaşığı dökün ve bambu filizlerini ve kestaneleri 2 dakika boyunca buharda pişirin. Diğer malzemeleri ekleyin, kaynatın ve sos koyulaşana kadar karıştırarak pişirin. Eti ve karnabaharı tekrar tavaya alıp hafifçe ısıtın. Hemen servis yapın.

Kerevizli dana eti

4 kişi için

100 g / 4 oz kereviz, şeritler halinde kesilmiş
45 ml / 3 yemek kaşığı fıstık yağı (yer fıstığı)
2 arpacık soğan (soğan), ince doğranmış
1 dilim zencefil kökü, doğranmış
225 gr yağsız sığır eti, şeritler halinde kesilmiş
30 ml / 2 yemek kaşığı soya sosu
30 ml / 2 yemek kaşığı pirinç şarabı veya sek şeri
2,5 ml / ¬Ω çay kaşığı şeker
2,5 ml / ¬Ω çay kaşığı tuz

Kerevizleri kaynar suda bir dakika kadar haşlayıp, iyice süzün. Yağı ısıtın ve taze soğanı ve zencefili hafif altın rengi olana kadar kızartın. Eti ekleyin ve 4 dakika kızartın. Kerevizi ekleyin ve 2 dakika kızartın. Soya sosu, şarap veya şeri, şeker ve tuzu ekleyip 3 dakika soteleyin.

Kereviz ile kızarmış dana dilimleri

4 kişi için

30 ml / 2 yemek kaşığı yer fıstığı yağı

450g/1lb yağsız sığır eti, dilimlenmiş

3 sap kereviz, rendelenmiş

1 soğan, rendelenmiş

1 taze soğan (soğan), dilimlenmiş

1 dilim zencefil kökü, doğranmış

30 ml / 2 yemek kaşığı soya sosu

15 ml / 1 yemek kaşığı pirinç şarabı veya sek şeri

2,5 ml / ¬Ω çay kaşığı şeker

2,5 ml / ¬Ω çay kaşığı tuz

10 ml / 2 çay kaşığı mısır unu (mısır nişastası)

30 ml / 2 yemek kaşığı su

Yağın yarısını sıcak olana kadar ısıtın ve eti 1 dakika içinde altın rengi kahverengi olana kadar kızartın. Tavadan çıkarın. Kalan yağı ısıtın ve kereviz, soğan, taze soğan ve zencefili biraz yumuşayana kadar soteleyin. Eti soya sosu, şarap veya şeri, şeker ve tuzla birlikte tekrar tavaya dökün, kaynatın ve ısınana kadar pişirin. Mısır unu ve suyu birleştirin, tavada karıştırın ve sos koyulaşana kadar pişirin. Hemen servis yapın.

Tavuk ve kereviz ile kıyma

4 kişi için

4 kurutulmuş Çin mantarı
45 ml / 3 yemek kaşığı fıstık yağı (yer fıstığı)
2 diş ezilmiş sarımsak
1 zencefil, dilimlenmiş ve öğütülmüş
5 ml / 1 çay kaşığı tuz
Şeritler halinde kesilmiş 100 gr/4 oz yağsız sığır eti
100 gr şeritler halinde kesilmiş tavuk
2 havuç, şeritler halinde kesilmiş
2 sap kereviz, şeritler halinde kesilmiş
4 taze soğan (soğan), şeritler halinde kesilmiş
5 ml / 1 çay kaşığı şeker
5 ml / 1 çay kaşığı soya sosu
5 ml / 1 çay kaşığı pirinç şarabı veya sek şeri
45 ml / 3 yemek kaşığı su
5 ml / 1 çay kaşığı mısır unu (mısır nişastası)

Mantarları ılık suda 30 dakika bekletin, ardından süzün. Sapları atın ve üst kısımlarını kesin. Yağı ısıtın ve sarımsak, zencefil ve tuzu altın rengi kahverengi olana kadar kızartın. Eti ve tavuğu ekleyip kahverengileşene kadar pişirin. Kereviz, taze soğan, şeker, soya sosu, şarap veya şeri ve suyu ekleyip kaynatın. Etler yumuşayıncaya kadar kapağını kapatıp yaklaşık 15 dakika pişirin. Mısır ununu bir miktar suyla karıştırıp sosa ekleyin ve sos koyulaşana kadar karıştırarak pişirin.

Şili ile sığır eti

4 kişi için

450 g / 1 kilo bonfile, şeritler halinde kesilmiş
45 ml / 3 yemek kaşığı soya sosu
15 ml / 1 yemek kaşığı pirinç şarabı veya sek şeri
15 ml / 1 yemek kaşığı esmer şeker
15 ml / 1 yemek kaşığı ince kıyılmış zencefil kökü
30 ml / 2 yemek kaşığı yer fıstığı yağı
Kürdan şeklinde kesilmiş 50 gr bambu filizi
1 soğan şeritler halinde kesilmiş
1 sap kereviz, kibrit çöpü şeklinde kesilmiş

2 kırmızı biber, çekirdekleri çıkarılmış ve şeritler halinde kesilmiş

120 ml / 4 fl oz / ¬Ω bardak tavuk suyu

15 ml / 1 yemek kaşığı mısır unu (mısır nişastası)

Biftekleri bir kaseye yerleştirin. Soya sosu, şarap veya şeri, şeker ve zencefili birleştirin ve bifteğe karıştırın. 1 saat kadar mayalanmaya bırakın. Biftekleri marinattan çıkarın. Yağın yarısını ısıtın ve bambu filizlerini, soğanı, kerevizi ve kırmızı biberi 3 dakika kızartın, ardından tavadan çıkarın. Kalan yağı ısıtın ve bifteği 3 dakika kızartın. Marine edip kaynatın ve kızarmış sebzeleri ekleyin. Kısık ateşte karıştırarak 2 dakika pişirin. Et suyu ve mısır ununu karıştırıp tavaya dökün. Kaynatın ve sos seyreltilip koyulaşana kadar karıştırarak pişirin.

Sığır eti Çin lahanası

4 kişi için

225 g / 8 ons yağsız sığır eti
30 ml / 2 yemek kaşığı yer fıstığı yağı
350g / 12oz Çin lahanası, doğranmış
120 ml / 4 fl oz / ¬Ω bardak et suyu
tuz ve taze çekilmiş karabiber
10 ml / 2 çay kaşığı mısır unu (mısır nişastası)
30 ml / 2 yemek kaşığı su

Eti tahıllara karşı ince dilimler halinde kesin. Yağı ısıtın ve eti altın kahverengi olana kadar kızartın. Çin lahanasını ekleyin ve hafifçe yumuşayana kadar kızartın. Stok ekleyin, kaynatın ve tuz ve karabiberle tatlandırın. Kapağını kapatıp etler yumuşayana kadar 4 dakika pişirin. Mısır unu ve suyu tavada karıştırın ve sos koyulaşana kadar karıştırın.

Dana biftek Suey

4 kişi için

3 sap kereviz, dilimlenmiş

100 g / 4 ons fasulye filizi

100 g / 4 oz brokoli çiçeği

60 ml / 4 yemek kaşığı yer fıstığı yağı

3 arpacık soğan (yeşil soğan), ince doğranmış

2 diş ezilmiş sarımsak

1 dilim zencefil kökü, doğranmış

225 gr yağsız sığır eti, şeritler halinde kesilmiş

45 ml / 3 yemek kaşığı soya sosu

15 ml / 1 yemek kaşığı pirinç şarabı veya sek şeri

5 ml / 1 çay kaşığı tuz

2,5 ml / ¬Ω çay kaşığı şeker

taze kara biber

15 ml / 1 yemek kaşığı mısır unu (mısır nişastası)

Kereviz, fasulye filizi ve brokoliyi kaynar suda 2 dakika haşlayıp, süzüp kurutun. 45 ml / 3 yemek kaşığı yağı ısıtın ve taze soğanı, sarımsağı ve zencefili hafif altın rengi olana kadar kızartın. Eti ekleyin ve 4 dakika kızartın. Tavadan çıkarın. Kalan yağı ısıtın ve sebzeleri 3 dakika kızartın. Et, soya sosu, şarap veya şeri, tuz, şeker ve bir tutam biberi ekleyip 2 dakika soteleyin. Mısır ununu biraz suyla karıştırın, tavada karıştırın ve kısık ateşte sos seyreltilip koyulaşıncaya kadar karıştırarak pişirin.

salatalıklı dana eti

4 kişi için

450 gr / 1 kg bonfile, ince dilimlenmiş

45 ml / 3 yemek kaşığı soya sosu

30 ml / 2 yemek kaşığı mısır unu (mısır nişastası)

60 ml / 4 yemek kaşığı yer fıstığı yağı

2 salatalık, soyulmuş, çekirdeği çıkarılmış ve dilimlenmiş

60 ml / 4 yemek kaşığı tavuk suyu

30 ml / 2 yemek kaşığı pirinç şarabı veya sek şeri

tuz ve taze çekilmiş karabiber

Biftekleri bir kaseye yerleştirin. Soya sosunu ve mısır ununu karıştırıp bifteğe ekleyin. 30 dakika kadar yumuşamasını bekleyin. Yağın yarısını ısıtın ve salatalığı 3 dakika içinde yarı saydam olana kadar kızartın, ardından tavadan çıkarın. Kalan yağı ısıtın ve bifteği altın rengi kahverengi olana kadar kızartın. Salatalığı ekleyin ve 2 dakika kızartın. Et suyu, şarap veya şeri ekleyin ve tuz ve karabiberle tatlandırın. Kaynatın, kapağını kapatın ve kısık ateşte 3 dakika pişirin.

Sığır Chow Mein

4 kişi için

750 g / 1 ¬Ω lb dana bonfile

2 soğan

45 ml / 3 yemek kaşığı soya sosu

45 ml / 3 yemek kaşığı pirinç şarabı veya sek şeri

15 ml / 1 yemek kaşığı fıstık ezmesi

5 ml / 1 çay kaşığı limon suyu

350 g / 12 oz yumurtalı makarna

60 ml / 4 yemek kaşığı yer fıstığı yağı

175 ml / 6 fl oz / ¬œ bardak tavuk suyu

15 ml / 1 yemek kaşığı mısır unu (mısır nişastası)

30 ml / 2 yemek kaşığı istiridye sosu

4 arpacık soğan (yeşil soğan), ince doğranmış

3 sap kereviz, dilimlenmiş

100 gr mantar, dilimlenmiş

1 yeşil biber şeritler halinde kesilmiş

100 g / 4 ons fasulye filizi

Etin yağını kesin ve atın. Tahılı ince dilimler halinde kesin. Soğanı dilimler halinde kesin, katmanları ayırın. 15 ml / 1 yemek kaşığı soya sosunu 15 ml / 1 yemek kaşığı şarap veya şeri, fıstık ezmesi ve limon suyuyla karıştırın. Eti ekleyin, üzerini örtün ve 1 saat dinlendirin. Makarnayı kaynar suda yaklaşık 5 dakika veya yumuşayana kadar pişirin. İyice boşaltın. 15 ml / 1 yemek kaşığı yağı ısıtın, 15 ml / 1 yemek kaşığı soya sosu ve erişteleri ekleyip 2 dakika açık altın rengi kahverengi olana kadar kızartın. Sıcak bir tabağa yerleştirin.

Soya sosunun geri kalanını ve şarabı veya şeri et suyunu, mısır unu ve istiridye sosunu karıştırın. 15 ml / 1 yemek kaşığı yağı ısıtın ve soğanı 1 dakika kızartın. Kereviz, mantar, biber ve fasulye filizlerini ekleyip 2 dakika pişirin. Wok'tan çıkarın. Kalan yağı ısıtın ve eti altın rengi olana kadar kızartın. Stok ekleyin, kaynatın, üzerini örtün ve 3 dakika pişirin. Sebzeleri wok'a geri koyun ve kısık ateşte karıştırarak, iyice ısınana kadar yaklaşık 4 dakika pişirin. Karışımı makarnanın üzerine döküp servis yapın.

salatalık biftek

4 kişi için

450 gr / 1 kilo bonfile
10 ml / 2 çay kaşığı mısır unu (mısır nişastası)
10 ml / 2 çay kaşığı tuz
2,5 ml / ½ çay kaşığı taze çekilmiş biber
90 ml / 6 yemek kaşığı yer fıstığı yağı
1 ince doğranmış soğan
1 salatalık, soyulmuş ve dilimlenmiş
120 ml / 4 fl oz / ½ bardak et suyu

Filetoyu şeritler halinde ve ardından göze göre ince dilimler halinde kesin. Bir kaseye alıp mısır nişastasını, tuzu, karabiberi ve yağın yarısını ekleyin. 30 dakika kadar yumuşamasını bekleyin. Kalan yağı ısıtın ve eti ve soğanı hafifçe kızarana kadar kızartın. Salatalığı ve et suyunu ekleyin, kaynatın, kapağını kapatın ve 5 dakika pişirin.

Kızarmış dana köri

4 kişi için

45 ml / 3 yemek kaşığı tereyağı
15 ml / 1 yemek kaşığı köri tozu
45 ml / 3 yemek kaşığı sade un (çok amaçlı)

375 ml / 13 fl oz / 1 Ω bardak süt

15 ml / 1 yemek kaşığı soya sosu

tuz ve taze çekilmiş karabiber

450g/1lb pişmiş sığır eti, kıyılmış

100 g / 4 oz bezelye

2 havuç, ince doğranmış

2 ince doğranmış soğan

225 gr pişmiş uzun taneli pirinç, sıcak

1 adet haşlanmış yumurta (haşlanmış), dilimlenmiş

Tereyağını eritin, köri tozunu ve unu ekleyip 1 dakika pişirin. Sütü ve soya sosunu ekleyin, kaynatın ve karıştırarak 2 dakika pişirin. Tuz ve karabiber ekleyin. Et, bezelye, havuç ve soğanı ekleyip iyice karıştırarak sosla kaplayın. Pirinci ekleyin, karışımı fırın tepsisine dökün ve önceden ısıtılmış 200 ∞C / 400 ∞F / gaz işareti 6 fırında sebzeler yumuşayana kadar 20 dakika pişirin. Haşlanmış yumurta dilimleriyle süsleyerek servis yapın.

buharda pişmiş jambon

Teklif 6-8

900 g / 2 pound taze jambon
30 ml / 2 yemek kaşığı esmer şeker
60 ml / 4 yemek kaşığı pirinç şarabı veya sek şeri

Jambonu ısıya dayanıklı bir tabak üzerine tel ızgara üzerine yerleştirin, üzerini örtün ve kaynar suyun üzerinde yaklaşık 1 dakika buharda pişirin. 1 saat için. Tavaya şeker ve şarap veya şeri ekleyin, kapağını kapatın ve 1 saat daha veya jambon tamamen pişene kadar pişirin. Kesmeden önce bir kapta soğumaya bırakın.

lahana ile pastırma

4 kişi için

4 pastırma, doğranmış ve doğranmış

2,5 ml / ½ çay kaşığı tuz

1 dilim zencefil kökü, doğranmış

½ lahana, doğranmış

75 ml / 5 yemek kaşığı tavuk suyu

15 ml / 1 yemek kaşığı istiridye sosu

Pastırmayı çıtır çıtır olana kadar kızartın, ardından tavadan çıkarın. Tuz ve zencefili ekleyip 2 dakika kavurun. Lahanayı ekleyin ve iyice karıştırın, ardından pastırmayı ve et suyunu ekleyin, kapağını kapatın ve yaklaşık 1 dakika pişirin. Lahana yumuşak ama yine de hafif gevrek olana kadar 5 dakika. İstiridye sosunu ekleyin, kapağını kapatın ve servis yapmadan önce 1 dakika pişirin.

bademli tavuk

4-6 porsiyon için

375 ml / 13 fl oz / 1½ su bardağı tavuk suyu
60 ml / 4 yemek kaşığı pirinç şarabı veya sek şeri
45 ml / 3 yemek kaşığı mısır unu (mısır nişastası)
15 ml / 1 yemek kaşığı soya sosu
4 tavuk göğsü
1 yumurta beyazı
2,5 ml / ½ çay kaşığı tuz
yemek yagı
75 g / 3 oz / ½ bardak beyazlatılmış badem
1 büyük havuç, doğranmış
5 ml / 1 çay kaşığı rendelenmiş zencefil kökü
6 taze soğan (soğan), dilimlenmiş
3 sap kereviz, dilimlenmiş
100 gr mantar, dilimlenmiş
100 g / 4 ons bambu filizleri, dilimlenmiş

Et suyunu, şarabın veya şeri'nin yarısını, 30 ml / 2 yemek kaşığı mısır unu ve soya sosunu bir tencerede karıştırın. Karıştırırken kaynatın, ardından karışım koyulaşana kadar 5 dakika pişirin. Ateşten alın ve sıcak tutun.

Tavuğun derisini ve kemiklerini çıkarın ve 1/2,5 cm'lik parçalar halinde kesin. Geri kalan şarabı veya şeri ile mısır nişastasını, yumurta aklarını ve tuzu karıştırın, tavuk parçalarını ekleyin ve iyice karıştırın. Yağı ısıtın ve tavuk parçalarını altın rengi kahverengi olana kadar yaklaşık 5 dakika kızartın. İyice boşaltın. Tavadan 30 ml / 2 yemek kaşığı yağın tamamını çıkarın ve bademleri 2 dakika altın rengi kahverengi olana kadar kızartın. İyice boşaltın. Tavaya havuç ve zencefili ekleyip 1 dakika kızartın. Geri kalan sebzeleri ekleyin ve sebzeler yumuşayana ama hala gevrek olana kadar yaklaşık 3 dakika soteleyin. Tavuğu ve bademleri sosla birlikte tavaya geri koyun ve orta ateşte iyice ısınana kadar birkaç dakika karıştırın.

Bademli ve kestaneli tavuk

4 kişi için

6 adet kurutulmuş Çin mantarı
4 kemiksiz tavuk parçası
100 g / 4 oz öğütülmüş badem
tuz ve taze çekilmiş karabiber
60 ml / 4 yemek kaşığı yer fıstığı yağı
100 g / 4 oz dilimlenmiş su kestanesi
75 ml / 5 yemek kaşığı tavuk suyu
30 ml / 2 yemek kaşığı soya sosu

Mantarları ılık suda 30 dakika bekletin, ardından süzün. Sapları atın ve üst kısımlarını kesin. Tavuk göğsünü ince dilimler halinde kesin. Bademleri bolca tuz ve karabiberle tatlandırın ve tavuk dilimlerinin üzerine badem serpin. Yağı ısıtın ve tavukları hafif altın rengi olana kadar kızartın. Mantarları, kestane suyunu, et suyunu ve soya sosunu ekleyin, kaynatın, kapağını kapatın ve tavuk yumuşayana kadar birkaç dakika pişirin.

Bademli ve sebzeli tavuk

4 kişi için

75 ml / 5 yemek kaşığı fıstık yağı (yer fıstığı)

4 dilim zencefil kökü, doğranmış

5 ml / 1 çay kaşığı tuz

100 g / 4 ons Çin lahanası, ince doğranmış

50 gr bambu filizi, küp şeklinde kesilmiş

50 gr mantar, doğranmış

2 sap kereviz, doğranmış

3 su kestanesi, doğranmış

120 ml / 4 fl oz / ½ bardak tavuk suyu

225g/8oz doğranmış tavuk göğsü

15 ml / 1 yemek kaşığı pirinç şarabı veya sek şeri

50 g / 2 oz kar bezelyesi

100 gr soyulmuş badem, kızartılmış

10 ml / 2 çay kaşığı mısır unu (mısır nişastası)

15 ml / 1 yemek kaşığı su

Yağın yarısını ısıtın ve zencefili ve tuzu 30 saniye kızartın. Lahanayı, bambu filizlerini, mantarları, kerevizi ve su kestanelerini ekleyip 2 dakika kızartın. Stok ekleyin, kaynatın, kapağını kapatın ve 2 dakika pişirin. Sebzeleri ve sosu tavadan çıkarın. Kalan yağı ısıtın ve tavuğu 1 dakika kızartın. Şarap veya şeri ekleyin ve 1 dakika pişirin. Sebzeleri bezelye ve bademlerle birlikte tekrar tavaya alın ve kısık ateşte 30 saniye pişirin. Mısır unu ve suyu macun kıvamına gelinceye kadar sosa karıştırın ve sos koyulaşana kadar karıştırarak pişirin.

anasonlu tavuk

4 kişi için

75 ml / 5 yemek kaşığı fıstık yağı (yer fıstığı)
2 ince doğranmış soğan
1 diş kıyılmış sarımsak
2 dilim zencefil kökü, doğranmış
15 ml / 1 yemek kaşığı sade un (çok amaçlı)
30 ml / 2 yemek kaşığı köri tozu
450g/1lb doğranmış tavuk
15 ml / 1 yemek kaşığı şeker
30 ml / 2 yemek kaşığı soya sosu
450 ml / ¾ pt / 2 su bardağı tavuk suyu
2 diş yıldız anason
225 g / 8 ons patates, doğranmış

Yağın yarısını ısıtın ve soğanı hafif altın rengi olana kadar kızartın, ardından tavadan çıkarın. Kalan yağı ısıtın ve sarımsak ve zencefili 30 saniye kızartın. Unu ve köri tozunu ekleyip 2 dakika pişirin. Soğanı tavaya geri koyun, tavuğu ekleyin ve 3 dakika kızartın. Şekeri, soya sosunu, et suyunu ve anasonu ekleyin, kaynatın, kapağını kapatın ve 15 dakika pişirin. Patatesleri ekleyin, tekrar kaynatın, kapağını kapatın ve yumuşayana kadar 20 dakika daha pişirin.

Kayısılı tavuk

4 kişi için

4 parça tavuk
tuz ve taze çekilmiş karabiber
bir tutam öğütülmüş zencefil
60 ml / 4 yemek kaşığı yer fıstığı yağı
225 gr konserve kayısı, ikiye bölünmüş
300 ml / ½ pt / 1¼ bardak tatlı ve ekşi sos
30 ml / 2 yemek kaşığı badem gevreği, kavrulmuş

Tavuğu tuz, karabiber ve zencefille tatlandırın. Yağı ısıtın ve tavukları hafif altın rengi olana kadar kızartın. Kapağını kapatıp yumuşayana kadar yaklaşık 20 dakika, ara sıra çevirerek pişirin. Yağı boşaltın. Kayısıları ve sosu tavaya ekleyin, kaynatın, üzerini kapatın ve yaklaşık 5 dakika veya iyice ısınana kadar pişirin. Dilimlenmiş bademlerle süsleyin.

Kuşkonmazlı tavuk

4 kişi için

45 ml / 3 yemek kaşığı fıstık yağı (yer fıstığı)

5 ml / 1 çay kaşığı tuz

1 diş ezilmiş sarımsak

1 taze soğan (soğan), ince doğranmış

1 dilimlenmiş tavuk göğsü

30 ml / 2 yemek kaşığı siyah fasulye sosu

12 oz / 350 g kuşkonmaz, 1/2,5 cm'lik parçalar halinde kesilmiş

120 ml / 4 fl oz / ½ bardak tavuk suyu

5 ml / 1 çay kaşığı şeker

15 ml / 1 yemek kaşığı mısır unu (mısır nişastası)

45 ml / 3 yemek kaşığı su

Yağın yarısını ısıtın ve tuzu, sarımsağı ve taze soğanı hafif altın rengi olana kadar kızartın. Tavuğu ekleyin ve hafif oluncaya kadar kızartın. Siyah fasulye sosunu ekleyip tavukla karıştırın. Kuşkonmazı, suyu ve şekeri ekleyin, kaynatın, kapağını kapatın ve tavuk yumuşayana kadar 5 dakika pişirin. Mısır unu ve suyu macun kıvamına gelene kadar karıştırın, tavada karıştırın ve sos seyreltilip koyulaşana kadar karıştırarak pişirin.

Patlıcanlı tavuk

4 kişi için

225 g / 8 ons tavuk, dilimlenmiş

15 ml / 1 yemek kaşığı soya sosu

15 ml / 1 yemek kaşığı pirinç şarabı veya sek şeri

15 ml / 1 yemek kaşığı mısır unu (mısır nişastası)
1 patlıcan (patlıcan), soyulmuş ve şeritler halinde kesilmiş
30 ml / 2 yemek kaşığı yer fıstığı yağı
2 adet kurutulmuş kırmızı biber
2 diş ezilmiş sarımsak
75 ml / 5 yemek kaşığı tavuk suyu

Tavuğu bir kaseye yerleştirin. Soya sosu, şarap veya şeri ve mısır nişastasını karıştırın, tavuğa ekleyin ve 30 dakika dinlendirin. Patlıcanları kaynar suda 3 dakika haşlayıp iyice süzün. Yağı ısıtıp biberleri koyulaşana kadar kızartın, ardından çıkarıp atın. Sarımsak ve tavuğu ekleyip hafifçe kızartın. Et suyunu ve patlıcanı ekleyin, kaynatın, kapağını kapatın ve ara sıra karıştırarak 3 dakika pişirin.

Pastırma Rulo Tavuk

4-6 porsiyon için

225 gr doğranmış tavuk
30 ml / 2 yemek kaşığı soya sosu
15 ml / 1 yemek kaşığı pirinç şarabı veya sek şeri
5 ml / 1 çay kaşığı şeker

5 ml / 1 çay kaşığı susam yağı

tuz ve taze çekilmiş karabiber

225 g / 8 oz pastırma dilimi

1 yumurta, hafifçe çırpılmış

100 gr sade un (çok amaçlı)

yemek yagı

4 domates, dilimlenmiş

Tavuğu soya sosu, şarap veya şeri, şeker, susam yağı, tuz ve karabiberle karıştırın. Kapağını kapatıp ara sıra karıştırarak 1 saat marine edin, ardından tavuğu çıkarın ve turşuyu atın. Pastırmayı parçalara ayırın ve tavuk küplerinin üzerine yuvarlayın. Yumurtaları unla sert bir hamur haline gelinceye kadar çırpın, gerekirse biraz süt ekleyin. Küpleri hamurun içine batırın. Yağı ısıtın ve küpleri altın rengi kahverengi olana ve iyice pişene kadar kızartın. Domateslerle süsleyerek servis yapın.

Fasulye filizli tavuk

4 kişi için

45 ml / 3 yemek kaşığı fıstık yağı (yer fıstığı)

1 diş ezilmiş sarımsak

1 taze soğan (soğan), ince doğranmış

1 dilim zencefil kökü, doğranmış

225 g / 8 ons tavuk göğsü, dilimlenmiş

225g / 8oz fasulye filizi

45 ml / 3 yemek kaşığı soya sosu

15 ml / 1 yemek kaşığı pirinç şarabı veya sek şeri

5 ml / 1 çay kaşığı mısır unu (mısır nişastası)

Yağı ısıtın ve sarımsak, taze soğan ve zencefili hafif altın rengi olana kadar kızartın. Tavukları ekleyip 5 dakika kavurun. Fasulye filizlerini ekleyip 2 dakika kavurun. Soya sosu, şarap veya şeri ve mısır unu ekleyin ve tavuk yumuşayana kadar yaklaşık 3 dakika soteleyin.

Siyah fasulye soslu tavuk

4 kişi için

30 ml / 2 yemek kaşığı yer fıstığı yağı

5 ml / 1 çay kaşığı tuz

30 ml / 2 yemek kaşığı siyah fasulye sosu

2 diş ezilmiş sarımsak

450 gr / 1 kilo tavuk, küp şeklinde doğranmış

250 ml / 8 fl oz / 1 su bardağı et suyu

1 yeşil biber, doğranmış

1 ince doğranmış soğan

15 ml / 1 yemek kaşığı soya sosu

taze kara biber

15 ml / 1 yemek kaşığı mısır unu (mısır nişastası)

45 ml / 3 yemek kaşığı su

Yağı ısıtın ve tuzu, siyah fasulyeyi ve sarımsağı 30 saniye kızartın. Tavuğu ekleyin ve hafifçe altın rengi olana kadar kızartın. Stok ekleyin, kaynatın, kapağını kapatın ve 10 dakika pişirin. Kırmızı biber, soğan, soya sosu ve kırmızı biberi ekleyin, kapağını kapatın ve 10 dakika daha pişirin. Mısır unu ve suyu pürüzsüz hale gelinceye kadar karıştırın, sosu ekleyin ve sos koyulaşıncaya ve tavuk yumuşayana kadar karıştırarak pişirin.

Brokolili tavuk

4 kişi için

450g/1lb doğranmış tavuk

225 g / 8 ons tavuk ciğeri

45 ml / 3 yemek kaşığı sade un (çok amaçlı)

45 ml / 3 yemek kaşığı fıstık yağı (yer fıstığı)

1 soğan, doğranmış

1 kırmızı biber, doğranmış

1 yeşil biber, doğranmış

225 g / 8 ons brokoli çiçeği

4 dilim ananas, doğranmış

30 ml / 2 yemek kaşığı domates salçası (makarna)

30 ml / 2 yemek kaşığı kuru üzüm sosu

30 ml / 2 yemek kaşığı bal

30 ml / 2 yemek kaşığı soya sosu

300 ml / ½ pt / 1¼ su bardağı tavuk suyu

10 ml / 2 çay kaşığı susam yağı

Tavuk ciğeri ve tavuk ciğerini unun içine karıştırın. Yağı ısıtın ve ciğerleri 5 dakika kızartın, ardından tavadan çıkarın. Tavuğu ekleyin, kapağını kapatın ve ara sıra karıştırarak orta ateşte 15 dakika pişirin. Sebzeleri ve ananası ekleyip 8 dakika kızartın. Ciğerleri wok tavaya alın, diğer malzemeleri ekleyin ve kaynayana kadar ısıtın. Kısık ateşte, karıştırarak sos koyulaşana kadar pişirin.

Lahana ve cevizli tavuk

4 kişi için

45 ml / 3 yemek kaşığı fıstık yağı (yer fıstığı)

30 ml / 2 yemek kaşığı fıstık

450 gr / 1 kilo tavuk, küp şeklinde doğranmış

½ lahana, doğranmış

15 ml / 1 yemek kaşığı siyah fasulye sosu

2 kırmızı biber, doğranmış

5 ml / 1 çay kaşığı tuz

Biraz yağı ısıtın ve cevizleri sürekli karıştırarak birkaç dakika kızartın. Çıkarın, süzün ve rendeleyin. Kalan yağı ısıtın ve tavuk ve lahanayı hafifçe kızarana kadar kızartın. Tavadan çıkarın. Siyah fasulye sosunu ve kırmızı biberi ekleyip 2 dakika pişirin. Tavuğu ve lahanayı öğütülmüş fındıklarla birlikte tavaya geri koyun ve tuzla baharatlayın. Sıcak pişirin ve hemen servis yapın.

Kaju fıstıklı tavuk

4 kişi için

30 ml / 2 yemek kaşığı soya sosu

30 ml / 2 yemek kaşığı mısır unu (mısır nişastası)

15 ml / 1 yemek kaşığı pirinç şarabı veya sek şeri

350 g / 12 oz doğranmış tavuk

45 ml / 3 yemek kaşığı fıstık yağı (yer fıstığı)

2,5 ml / ½ çay kaşığı tuz

2 diş ezilmiş sarımsak

225 gr mantar, dilimlenmiş

100 g / 4 oz dilimlenmiş su kestanesi

100 g / 4 ons bambu filizleri

50 g / 2 oz kar bezelyesi
225 g / 8 oz / 2 bardak kaju fıstığı
300 ml / ½ pt / 1 ¼ su bardağı tavuk suyu

Soya sosunu, mısır nişastasını ve şarabı veya şeriyi karıştırın, tavuğun üzerine dökün, üzerini örtün ve en az 1 saat marine edin. 30 ml / 2 yemek kaşığı yağı tuz ve sarımsakla ısıtın ve sarımsaklar açık altın rengi oluncaya kadar kızartın. Tavuğu marine ile birlikte ekleyin ve tavuk açık kahverengi olana kadar 2 dakika pişirin. Mantarları, kestaneleri, bambu filizlerini ve kar bezelyelerini ekleyip 2 dakika kızartın. Bu arada kalan yağı ayrı bir tavada ısıtın ve kajuları birkaç dakika içinde altın rengi kahverengi olana kadar kızartın. Et suyuyla birlikte tavaya ekleyin, kaynatın, üzerini örtün ve 5 dakika pişirin. Sos yeterince koyulaşmamışsa mısır unu ile karıştırılmış bir çorba kaşığı su ilave edip sos koyulaşıp şeffaflaşana kadar karıştırın.

kestaneli tavuk

4 kişi için

225 g / 8 ons tavuk, dilimlenmiş
5 ml / 1 çay kaşığı tuz
15 ml / 1 yemek kaşığı soya sosu
yemek yagı
250 ml / 8 fl oz / 1 su bardağı tavuk suyu
200 g / 7 ons su kestanesi, doğranmış
225 g / 8 ons kestane, doğranmış
225 gr mantar, dörde bölünmüş
15 ml / 1 yemek kaşığı kıyılmış taze maydanoz

Tavuğu tuz ve soya sosuyla serpin ve tavuğun içine iyice sürün. Yağı ısıtın ve tavuğu altın kahverengi olana kadar kızartın, çıkarın ve süzün. Tavuğu et suyuyla birlikte tavaya koyun, kaynatın ve 5 dakika pişirin. Kestaneleri, kestaneleri ve mantarları ekleyin, kapağını kapatın ve yakl. Her şey yumuşayana kadar 20 dakika. Maydanozla süsleyerek servis yapın.

Ateşli tavuk

4 kişi için

350g/1lb tavuk, doğranmış
1 yumurta, hafifçe çırpılmış
10 ml / 2 çay kaşığı soya sosu
2,5 ml / ½ çay kaşığı mısır unu (mısır nişastası)
yemek yagı
1 yeşil biber, doğranmış
4 diş ezilmiş sarımsak
2 kırmızı biber, rendelenmiş
5 ml / 1 çay kaşığı taze çekilmiş karabiber
5 ml / 1 çay kaşığı şarap sirkesi
5 ml / 1 çay kaşığı su
2,5 ml / ½ çay kaşığı şeker
2,5 ml / ½ çay kaşığı biber yağı
2,5 ml / ½ çay kaşığı susam yağı

Yumurtayı, soya sosunun yarısını ve mısır nişastasını karıştırıp 30 dakika dinlendirin. Yağı ısıtın ve tavuk göğsünü altın rengi kahverengi olana kadar kızartın, ardından iyice süzün. Tavaya 15 ml / 1 yemek kaşığı yağın tamamını dökün, biberi, sarımsağı ve kırmızı biberi ekleyip 30 saniye kızartın. Biber, şarap sirkesi, su ve şekeri ekleyip 30 saniye soteleyin. Tavuğu tekrar tavaya alın ve yumuşayana kadar birkaç dakika pişirin. Pul biber ve susam yağı serperek servis yapın.

Biberli kızarmış tavuk

4 kişi için

225 g / 8 ons tavuk, dilimlenmiş

2,5 ml / ½ çay kaşığı soya sosu

2,5 ml / ½ çay kaşığı susam yağı

2,5 ml / ½ çay kaşığı pirinç şarabı veya sek şeri

5 ml / 1 çay kaşığı mısır unu (mısır nişastası)

tuz

45 ml / 3 yemek kaşığı fıstık yağı (yer fıstığı)

100 gr / 4 ons ıspanak

4 arpacık soğan (yeşil soğan), ince doğranmış

2,5 ml / ½ çay kaşığı biber tozu

15 ml / 1 yemek kaşığı su

1 dilimlenmiş domates

Tavuğu soya sosu, susam yağı, şarap veya şeri, mısır nişastasının yarısı ve bir tutam tuzla karıştırın. 30 dakika dinlenmeye bırakın. 15 ml / 1 yemek kaşığı yağı ısıtın ve tavuğu altın kahverengi olana kadar hafifçe kızartın. Wok'tan çıkarın. 15 ml / 1 yemek kaşığı yağı ısıtın ve ıspanakları yumuşayana kadar kızartın, ardından wok'tan çıkarın. Kalan yağı ısıtın ve taze soğanı, toz biberi, suyu ve kalan mısır ununu 2 dakika soteleyin. Tavukları ekleyip hızlıca kavurun. Ispanakları sıcak bir tabağa dizin, üzerine tavuk serpin ve domatesle süsleyerek servis yapın.

Tavuk Suey

4 kişi için

100 g / 4 oz porselen yaprakları, doğranmış
100 gr bambu filizi, şeritler halinde kesilmiş
60 ml / 4 yemek kaşığı yer fıstığı yağı
3 taze soğan (soğan), dilimlenmiş
2 diş ezilmiş sarımsak
1 dilim zencefil kökü, doğranmış
225 gr şeritler halinde kesilmiş tavuk göğsü
45 ml / 3 yemek kaşığı soya sosu
15 ml / 1 yemek kaşığı pirinç şarabı veya sek şeri
5 ml / 1 çay kaşığı tuz
2,5 ml / ½ çay kaşığı şeker
taze kara biber
15 ml / 1 yemek kaşığı mısır unu (mısır nişastası)

Çin yapraklarını ve bambu filizlerini kaynar suda 2 dakika haşlayın. Drenaj yapın ve kurulayın. 45 ml / 3 yemek kaşığı yağı ısıtın ve soğanı, sarımsağı ve zencefili hafif altın rengi olana kadar kızartın. Tavuğu ekleyin ve 4 dakika kızartın. Tavadan çıkarın. Kalan yağı ısıtın ve sebzeleri 3 dakika kızartın. Tavuğu, soya sosunu, şarabı veya şeriyi, tuzu, şekeri ve bir tutam biberi ekleyip 1 dakika pişirin. Mısır ununu bir miktar suyla karıştırıp sosun içine katın ve sos seyreltilip koyulaşıncaya kadar karıştırarak pişirin.

tavuk yemeği

4 kişi için

30 ml / 2 yemek kaşığı yer fıstığı yağı

2 diş ezilmiş sarımsak

450 gr / 1 kg tavuk, dilimlenmiş

225 g / 8 ons bambu filizleri, dilimlenmiş

100 g / 4 oz kereviz, dilimlenmiş

225 gr mantar, dilimlenmiş

450 ml / ¾ pt / 2 su bardağı tavuk suyu

225g / 8oz fasulye filizi

4 soğan, dilimlenmiş

30 ml / 2 yemek kaşığı soya sosu

30 ml / 2 yemek kaşığı mısır unu (mısır nişastası)

225g / 8oz kurutulmuş Çin eriştesi

Yağı sarımsakla birlikte hafif altın rengi olana kadar ısıtın, ardından tavuğu ekleyin ve 2 dakika içinde hafif altın rengi olana kadar kızartın. Bambu filizlerini, kerevizi ve mantarları ekleyip 3 dakika kızartın. Stokun çoğunu ekleyin, kaynatın, üzerini örtün ve 8 dakika pişirin. Fasulye filizlerini ve soğanı ekleyin ve et suyu kalana kadar 2 dakika karıştırarak pişirin. Kalan çorbayı soya sosu ve mısır nişastasıyla karıştırın. Tavada birleştirin ve sos incelip kalınlaşana kadar karıştırarak pişirin.

Bu arada makarnayı kaynayan tuzlu suda paketin üzerindeki talimatlara göre birkaç dakika pişirin. İyice süzün, tavuk karışımıyla karıştırın ve hemen servis yapın.

Çıtır baharatlı tavuk

4 kişi için

450 gr / 1 kilo parçalanmış tavuk

30 ml / 2 yemek kaşığı soya sosu

30 ml / 2 yemek kaşığı erik sosu

45 ml / 3 yemek kaşığı mango turşusu

1 diş ezilmiş sarımsak

2,5 ml / ½ çay kaşığı öğütülmüş zencefil

birkaç damla brendi

30 ml / 2 yemek kaşığı mısır unu (mısır nişastası)

2 çırpılmış yumurta

100 g / 4 oz / 1 su bardağı kuru galeta unu

30 ml / 2 yemek kaşığı yer fıstığı yağı

6 adet taze soğan (soğan), ince doğranmış

1 kırmızı biber, doğranmış

1 yeşil biber, doğranmış

30 ml / 2 yemek kaşığı soya sosu

30 ml / 2 yemek kaşığı bal

30 ml / 2 yemek kaşığı şarap sirkesi

Tavuğu bir kaseye yerleştirin. Sosları, Hint turşusunu, sarımsağı, zencefili ve brendiyi karıştırın, tavuğun üzerine dökün, üzerini örtün ve 2 saat marine edin. Tavuk göğsünü süzün ve üzerine mısır unu serpin. Üzerine önce yumurta, sonra galeta unu sürün. Yağı ısıtın ve tavuk göğsünü altın rengi kahverengi olana kadar kızartın. Tavadan çıkarın. Sebzeleri ekleyin ve 4 dakika pişirin, ardından çıkarın. Yağı tavadan boşaltın, ardından tavuğu ve sebzeleri diğer malzemelerle birlikte tavaya geri koyun. Servis yapmadan önce kaynatın ve tekrar ısıtın.

Salatalıklı kızarmış tavuk

4 kişi için

225 g / 8 ons tavuk

1 yumurta beyazı

2,5 ml / ½ çay kaşığı mısır unu (mısır nişastası)

tuz

½ salatalık

30 ml / 2 yemek kaşığı yer fıstığı yağı

100 gr / 4 ons mantar

50 gram bambu filizi, şeritler halinde kesilmiş

50 g / 2 oz doğranmış jambon

15 ml / 1 yemek kaşığı su

2,5 ml / ½ çay kaşığı tuz

2,5 ml / ½ çay kaşığı pirinç şarabı veya sek şeri

2,5 ml / ½ çay kaşığı susam yağı

Tavuk göğsünü dilimler halinde kesin ve dilimler halinde kesin. Yumurta akı, mısır nişastası ve tuzla karıştırıp beklemeye bırakın. Salatalığı uzunlamasına ikiye bölün ve çapraz olarak kalın dilimler halinde kesin. Yağı ısıtın ve tavukları hafifçe kızarana kadar kızartın, ardından tavadan çıkarın. Salatalık ve bambu filizini ekleyip 1 dakika kızartın. Tavuğu jambon, su, tuz ve şarap veya şeri ile birlikte tavaya geri koyun. Kaynatın ve tavuklar yumuşayıncaya kadar pişirin. Susam yağı serperek servis yapın.

Biberli tavuk köri

4 kişi için

120 ml / 4 fl oz / ½ bardak fıstık yağı (yer fıstığı)

4 parça tavuk

1 ince doğranmış soğan

5 ml / 1 çay kaşığı köri tozu

5 ml / 1 çay kaşığı biber sosu

15 ml / 1 yemek kaşığı pirinç şarabı veya sek şeri

2,5 ml / ½ çay kaşığı tuz

600 ml / 1 pt / 2½ su bardağı tavuk suyu

15 ml / 1 yemek kaşığı mısır unu (mısır nişastası)

45 ml / 3 yemek kaşığı su

5 ml / 1 çay kaşığı susam yağı

Yağı ısıtın ve tavuk parçalarını her iki tarafı da altın rengi kahverengi olana kadar kızartın, ardından tavadan çıkarın. Soğanı, köri tozunu ve biber sosunu ekleyip 1 dakika kızartın. Şarap veya şeri ve tuzu ekleyin, iyice karıştırın, ardından tavuğu tavaya geri koyun ve tekrar karıştırın. Et suyunu ekleyin, kaynatın ve tavuk yumuşayana kadar yaklaşık 30 dakika pişirin. Sos yeterince buharlaşmamışsa mısır unu ve suyu macun kıvamına gelene kadar karıştırın, sosa biraz ekleyin ve sos koyulaşana kadar karıştırarak pişirin. Susam yağı serperek servis yapın.

Çin tavuk köri

4 kişi için

45 ml / 3 yemek kaşığı köri tozu
1 ince doğranmış soğan
350 g / 12 oz doğranmış tavuk
150 ml / ¼ pt / cömert ½ bardak tavuk suyu
5 ml / 1 çay kaşığı tuz
10 ml / 2 çay kaşığı mısır unu (mısır nişastası)
15 ml / 1 yemek kaşığı su

Köri tozunu ve soğanı kuru bir tavada 2 dakika ısıtın, soğanı kaplayacak şekilde tavayı sallayın. Tavuğu ekleyin ve köri tozu iyice kaplanana kadar karıştırın. Et suyunu ve tuzu ekleyin, kaynatın, kapağını kapatın ve tavuk yumuşayana kadar yaklaşık 5 dakika pişirin. Mısır unu ve suyu macun kıvamına gelinceye kadar tavada karıştırın ve sos koyulaşana kadar karıştırarak pişirin.

hızlı tavuk köri

4 kişi için

450g / 1lb doğranmış tavuk göğsü

45 ml / 3 yemek kaşığı pirinç şarabı veya sek şeri

50 g / 2 oz mısır nişastası

1 yumurta beyazı

tuz

150 ml / ¼ pt / cömert ½ bardak fıstık yağı (yer fıstığı)

15 ml / 1 yemek kaşığı köri tozu

10 ml / 2 çay kaşığı esmer şeker

150 ml / ¼ pt / cömert ½ bardak tavuk suyu

Tavuk küplerini ve şeriyi karıştırın. 10 ml / 2 çay kaşığı mısır unu bir kenara koyun. Yumurta aklarını kalan mısır unu ve bir tutam tuzla çırpın, ardından iyice kaplanana kadar tavuğun içine katlayın. Yağı ısıtın ve tavuk göğsünü altın rengi kahverengi olana kadar kızartın. Tavadan çıkarın ve 15 ml/1 yemek kaşığı yağ dışında tamamını boşaltın. Ayırdığınız mısır unu, köri tozu ve şekeri ekleyip 1 dakika kızartın. Çorbayı ekleyin, kaynatın ve sürekli karıştırarak sos koyulaşana kadar pişirin. Tavuğu tekrar tavaya alın, karıştırın ve servis yapmadan önce tekrar ısıtın.

Patatesli tavuk köri

4 kişi için

45 ml / 3 yemek kaşığı fıstık yağı (yer fıstığı)
2,5 ml / ½ çay kaşığı tuz
1 diş ezilmiş sarımsak
750g / 1½lb doğranmış tavuk
225 g / 8 oz doğranmış patates
4 soğan, dilimlenmiş
15 ml / 1 yemek kaşığı köri tozu
450 ml / ¾ pt / 2 su bardağı tavuk suyu
225 gr mantar, dilimlenmiş

Yağı tuz ve sarımsakla ısıtın, tavuk göğsünü ekleyin ve hafif altın rengi kahverengi olana kadar kızartın. Patatesleri, soğanı ve köri tozunu ekleyip 2 dakika kızartın. Et suyunu ekleyin, kaynatın, kapağını kapatın ve ara sıra karıştırarak tavuk yumuşayana kadar yaklaşık 20 dakika pişirin. Mantarları ekleyin, kapağını çıkarın ve sıvı buharlaşana kadar 10 dakika daha pişirin.

kızarmış tavuk budu

4 kişi için

2 büyük tavuk budu, kemiksiz
2 adet taze soğan (soğan)
1 dilim zencefil, dövülmüş
120 ml / 4 fl oz / ½ bardak soya sosu
5 ml / 1 çay kaşığı pirinç şarabı veya sek şeri
yemek yağı
5 ml / 1 çay kaşığı susam yağı
taze kara biber

Üzerine tavukları yayıp her yerine dilimleyin. 1 adet taze soğanı çırpın, diğerini doğrayın. Ezilmiş taze soğanları zencefil, soya sosu ve şarap veya şeri ile karıştırın. Tavuğun üzerine dökün ve 30 dakika marine edin. Çıkarın ve boşaltın. Buharda pişirme rafına bir tabağa yerleştirin ve 20 dakika boyunca buharda pişirin.

Yağı ısıtın ve tavuğu yaklaşık 5 dakika içinde altın rengi kahverengi olana kadar kızartın. Tavadan alıp iyice süzün ve kalın dilimler halinde kesin, dilimleri sıcak servis tabağına yerleştirin. Susam yağını ısıtın, doğranmış taze soğanı ve kırmızı biberi ekleyip tavuğun üzerine dökün ve servis yapın.

Köri soslu kızarmış tavuk

4 kişi için

1 yumurta, hafifçe çırpılmış

30 ml / 2 yemek kaşığı mısır unu (mısır nişastası)

25 g / 1 oz / ¼ bardak sade un (çok amaçlı)

2,5 ml / ½ çay kaşığı tuz

225 gr doğranmış tavuk

yemek yagı

30 ml / 2 yemek kaşığı yer fıstığı yağı

30 ml / 2 yemek kaşığı köri tozu

60 ml / 4 yemek kaşığı pirinç şarabı veya sek şeri

Yumurtayı mısır nişastası, un ve tuzla sert bir hamur haline gelinceye kadar çırpın. Tavuğun üzerine dökün ve kaplamak için iyice karıştırın. Yağı ısıtın ve tavuk göğsünü altın rengi kahverengi olana ve iyice kızarana kadar kızartın. Bu arada yağı ısıtın ve köri tozunu 1 dakika kızartın. Şarap veya şeri ekleyin ve kaynatın. Tavuğu ocağa alın ve üzerine köri sosunu dökün.

sarhoş tavuk

4 kişi için

450 gr / 1 kilo parçalanmış tavuk fileto

60 ml / 4 yemek kaşığı soya sosu

30 ml / 2 yemek kaşığı kuru üzüm sosu

30 ml / 2 yemek kaşığı erik sosu

30 ml / 2 yemek kaşığı şarap sirkesi

2 diş ezilmiş sarımsak

bir tutam tuz

birkaç damla biber yağı

2 yumurta akı

60 ml / 4 yemek kaşığı mısır unu (mısır nişastası)

yemek yagı

200 ml / ½ pt / 1 ¼ bardak pirinç şarabı veya sek şeri

Tavuğu bir kaseye yerleştirin. Sosları şarap sirkesi, sarımsak, tuz ve biber yağını karıştırıp tavuğun üzerine dökün ve buzdolabında 4 saat marine edin. Yumurta aklarını sert bir köpük haline getirin ve mısır nişastasını ekleyin. Tavuğu marinattan çıkarın ve yumurta beyazı karışımıyla kaplayın. Yağı ısıtın ve tavuk göğsünü güzel bir kırmızı ve altın kahverengi olana kadar kızartın. Kağıt havlu üzerine güzelce boşaltın ve bir kaseye koyun. Şarap veya şeri üzerine dökün, üzerini örtün ve buzdolabında 12 saat marine edin. Tavuğu şaraptan çıkarın ve soğuk olarak servis yapın.

Yumurtalı tuzlu tavuk

4 kişi için

30 ml / 2 yemek kaşığı yer fıstığı yağı

4 parça tavuk

2 arpacık soğan (soğan), ince doğranmış

1 diş ezilmiş sarımsak

1 dilim zencefil kökü, doğranmış

175 ml / 6 fl oz / ¾ bardak soya sosu

30 ml / 2 yemek kaşığı pirinç şarabı veya sek şeri

30 ml / 2 yemek kaşığı esmer şeker

5 ml / 1 çay kaşığı tuz

375 ml / 13 fl oz / 1½ bardak su

4 adet haşlanmış (haşlanmış) yumurta

15 ml / 1 yemek kaşığı mısır unu (mısır nişastası)

Yağı ısıtın ve tavuk parçalarını altın rengi kahverengi olana kadar kızartın. Frenk soğanı, sarımsak ve zencefili ekleyip 2 dakika pişirin. Soya sosu, şarap veya şeri, şeker ve tuzu ekleyip iyice karıştırın. Suyu ekleyin, kaynatın, kapağını kapatın ve 20 dakika pişirin. Haşlanmış yumurtayı ekleyin, kapağını kapatın ve 15 dakika daha pişirin. Mısır ununu bir miktar suyla karıştırıp sosun içine katın ve sos seyreltilip koyulaşıncaya kadar karıştırarak pişirin.

rulo yumurta

4 kişi için

4 kurutulmuş Çin mantarı

100 gr şeritler halinde kesilmiş tavuk

5 ml / 1 çay kaşığı mısır unu (mısır nişastası)

15 ml / 1 yemek kaşığı soya sosu

2,5 ml / ½ çay kaşığı tuz

2,5 ml / ½ çay kaşığı şeker

60 ml / 4 yemek kaşığı yer fıstığı yağı

225g / 8oz fasulye filizi

3 arpacık soğan (yeşil soğan), ince doğranmış

100 gr / 4 ons ıspanak

12 yumurta rulosu deri

1 çırpılmış yumurta

yemek yagı

Mantarları ılık suda 30 dakika bekletin, ardından süzün. Sapları atın ve üst kısımlarını kesin. Tavuğu bir kaseye yerleştirin. Mısır ununu 5 ml / 1 çay kaşığı soya sosu, tuz ve şekerle karıştırıp tavuğa ekleyin. 15 dakika bekletin. Yağın yarısını ısıtın ve tavuğu hafif altın rengi olana kadar kızartın. Fasulye filizlerini kaynar suda 3 dakika haşlayıp süzün. Kalan yağı ısıtın ve taze soğanı hafif altın rengi kahverengi olana kadar kızartın.

Mantarları, fasulye filizlerini, ıspanakları ve soya sosunun geri kalanını ekleyin. Tavukları ekleyip 2 dakika kavurun. Bırak Düşsün. Her kabuğun ortasına dolguyu yerleştirin ve kenarlarını çırpılmış yumurta ile fırçalayın. Kenarlarını katlayın, ardından yumurta rulolarını yuvarlayın ve kenarlarını yumurtayla kapatın. Yağı ısıt,

Yumurtalı buharda pişmiş tavuk

4 kişi için

30 ml / 2 yemek kaşığı yer fıstığı yağı

Şeritler halinde kesilmiş 4 tavuk göğsü filetosu

Şeritler halinde kesilmiş 1 kırmızı biber

1 yeşil biber şeritler halinde kesilmiş

45 ml / 3 yemek kaşığı soya sosu

45 ml / 3 yemek kaşığı pirinç şarabı veya sek şeri

250 ml / 8 fl oz / 1 su bardağı tavuk suyu

100 gr buzdağı marul, doğranmış

5 ml / 1 çay kaşığı esmer şeker

30 ml / 2 yemek kaşığı kuru üzüm sosu

tuz biber

15 ml / 1 yemek kaşığı mısır unu (mısır nişastası)

30 ml / 2 yemek kaşığı su

4 yumurta

30 ml / 2 yemek kaşığı şeri

Yağı ısıtın ve tavukları ve biberleri altın rengi kahverengi olana kadar kızartın. Soya sosu, şarap veya şeri ve et suyunu ekleyin, kaynatın, üzerini örtün ve 30 dakika pişirin. Salatayı, şekeri ve kuru üzüm sosunu ekleyin, ardından tuz ve karabiber ekleyin. Mısır unu ve suyu karıştırın, sosa ekleyin ve karıştırarak kaynatın. Yumurtaları şeri ile çırpın ve ince tortilla şeklinde kızartın. Tuz, karabiber serpin ve şeritler halinde kesin. Sıcak bir tabağa koyun ve tavukların üzerine dökün.

Uzakdoğu tavuğu

4 kişi için

60 ml / 4 yemek kaşığı yer fıstığı yağı

450 gr / 1 kilo parçalanmış tavuk

2 diş ezilmiş sarımsak

2,5 ml / ½ çay kaşığı tuz

2 ince doğranmış soğan

2 tutam zencefil, doğranmış

45 ml / 3 yemek kaşığı soya sosu

30 ml / 2 yemek kaşığı kuru üzüm sosu

45 ml / 3 yemek kaşığı pirinç şarabı veya sek şeri

300 ml / ½ pt / 1¼ su bardağı tavuk suyu

5 ml / 1 çay kaşığı taze çekilmiş karabiber

6 adet haşlanmış (katı haşlanmış) yumurta, doğranmış

15 ml / 1 yemek kaşığı mısır unu (mısır nişastası)

15 ml / 1 yemek kaşığı su

Yağı ısıtın ve tavuk göğsünü altın rengi kahverengi olana kadar kızartın. Sarımsak, tuz, soğan ve zencefili ekleyip 2 dakika kızartın. Soya sosu, kuru üzüm sosu, şarap veya şeri, et suyu ve biber ekleyin. Kaynatın, kapağını kapatın ve kısık ateşte 30 dakika pişirin. Yumurtaları ekleyin. Mısır unu ve suyu karıştırıp sosa ekleyin. Kaynatın ve sos koyulaşana kadar karıştırarak pişirin.

Foo Yung Tavuk

4 kişi için

6 adet çırpılmış yumurta
45 ml / 3 yemek kaşığı mısır unu (mısır nişastası)
100 gr mantar, kabaca doğranmış
225g/8oz doğranmış tavuk göğsü
1 ince doğranmış soğan
5 ml / 1 çay kaşığı tuz
45 ml / 3 yemek kaşığı fıstık yağı (yer fıstığı)

Yumurtayı çırpın, ardından mısır unu ekleyin. Yağ hariç diğer tüm malzemeleri ekleyin. Yağı ısıt. Yaklaşık 7,5 cm genişliğinde küçük krepler yapmak için karışımı azar azar tavaya dökün. Altını kızarana kadar kızartın, sonra ters çevirin ve diğer tarafını da kızartın.

Jambon ve Tavuk Foo Yung

4 kişi için

6 adet çırpılmış yumurta
45 ml / 3 yemek kaşığı mısır unu (mısır nişastası)
100 g / 4 oz doğranmış jambon
225g/8oz doğranmış tavuk göğsü
3 taze soğan (soğan), ince doğranmış
5 ml / 1 çay kaşığı tuz
45 ml / 3 yemek kaşığı fıstık yağı (yer fıstığı)

Yumurtayı çırpın, ardından mısır unu ekleyin. Yağ hariç diğer tüm malzemeleri ekleyin. Yağı ısıt. Yaklaşık 7,5 cm genişliğinde küçük krepler yapmak için karışımı azar azar tavaya dökün. Altını kızarana kadar kızartın, sonra ters çevirin ve diğer tarafını da kızartın.

Zencefilli kızarmış tavuk

4 kişi için

1 tavuk, ikiye bölünmüş
4 dilim zencefil kökü, ezilmiş
30 ml / 2 yemek kaşığı pirinç şarabı veya sek şeri
30 ml / 2 yemek kaşığı soya sosu
5 ml / 1 çay kaşığı şeker
yemek yağı

Tavukları sığ bir kaseye koyun. Zencefil, şarap veya şeri, soya sosu ve şekeri karıştırın, tavuğun üzerine dökün ve derisini ovalayın. 1 saat kadar mayalanmaya bırakın. Yağı ısıtın ve yarım buçuk oranında hafif kızarana kadar kızartın. Yağdan çıkarın ve yağı yeniden ısıtırken hafifçe soğumasını bekleyin. Tavuğu tavaya geri koyun ve altın rengi kahverengi olana kadar pişirin. Servis yapmadan önce iyice süzün.

zencefilli tavuk

4 kişi için

225 gr tavuk, ince dilimlenmiş
1 yumurta beyazı
bir tutam tuz
2,5 ml / ½ çay kaşığı mısır unu (mısır nişastası)
15 ml / 1 yemek kaşığı yer fıstığı yağı
10 dilim zencefil kökü
6 mantar, ikiye bölünmüş
1 dilimlenmiş havuç
2 soğan (soğan), dilimlenmiş
5 ml / 1 çay kaşığı pirinç şarabı veya sek şeri
5 ml / 1 çay kaşığı su
2,5 ml / ½ çay kaşığı susam yağı

Yumurta aklarını, tuzu ve mısır nişastasını karıştırın. Yağın yarısını ısıtın ve tavukları hafif kızarıncaya kadar kızartın, ardından tavadan çıkarın. Kalan yağı ısıtın ve zencefil, mantar, havuç ve taze soğanı 3 dakika kızartın. Tavuğu şarap veya şeri ve suyla birlikte tavaya geri koyun ve tavuk yumuşayana kadar pişirin. Susam yağı serperek servis yapın.

Mantarlı ve kestaneli zencefilli tavuk

4 kişi için

60 ml / 4 yemek kaşığı yer fıstığı yağı

225 g / 8 oz soğan, dilimlenmiş

450g/1lb doğranmış tavuk

100 gr mantar, dilimlenmiş

30 ml / 2 yemek kaşığı sade un (çok amaçlı)

60 ml / 4 yemek kaşığı soya sosu

10 ml / 2 çay kaşığı şeker

tuz ve taze çekilmiş karabiber

900 ml / 1½ pt / 3¾ su bardağı sıcak su

2 dilim zencefil kökü, doğranmış

450 gr / 1 lb su kestanesi

Yağın yarısını ısıtın ve soğanı 3 dakika soteleyin, ardından tavadan çıkarın. Kalan yağı ısıtın ve tavuğu hafif altın rengi olana kadar kızartın.

Mantarları ekleyip 2 dakika pişirin. Karışıma un serpin, ardından soya sosu, şeker, tuz ve karabiber ekleyin. Suyu dökün ve zencefil, soğan ve kestane ekleyin. Kaynatın, örtün ve 20 dakika pişirin. Kapağı açın ve sos buharlaşana kadar pişirmeye devam edin.

altın tavuk

4 kişi için

8 küçük parça tavuk
300 ml / ½ pt / 1 ¼ su bardağı tavuk suyu
45 ml / 3 yemek kaşığı soya sosu
15 ml / 1 yemek kaşığı pirinç şarabı veya sek şeri
5 ml / 1 çay kaşığı şeker
1 zencefil, dilimlenmiş ve öğütülmüş

Tüm malzemeleri geniş bir tencereye koyun, kaynatın, kapağını kapatın ve tavuklar yumuşayıncaya kadar yaklaşık 30 dakika pişirin. Kapağı açın ve sos buharlaşana kadar pişirmeye devam edin.

Marine edilmiş altın tavuk güveç

4 kişi için

4 parça tavuk

300 ml / ½ pt / 1 ¼ bardak soya sosu

yemek yagı

4 adet taze soğan (soğan), kalın dilimlenmiş

1 dilim zencefil kökü, doğranmış

2 kırmızı biber, dilimlenmiş

3 adet yıldız anason karanfil

50 gr bambu filizi, dilimlenmiş

150 ml / 1 ½ pt / cömert ½ bardak tavuk suyu

30 ml / 2 yemek kaşığı mısır unu (mısır nişastası)

60 ml / 4 yemek kaşığı su

5 ml / 1 çay kaşığı susam yağı

Tavuğu büyük parçalar halinde kesin ve soya sosunda 10 dakika marine edin. Çıkarın ve süzün, soya sosunu bir kenara koyun. Yağı ısıtın ve tavuğu yaklaşık 2 dakika içinde altın rengi kahverengi olana kadar kızartın. Çıkarın ve boşaltın. 30 ml/2 yemek kaşığı yağ dışında tamamını dökün, ardından yeşil soğanı, zencefili, kırmızı biberi ve yıldız anasonu ekleyip 1 dakika kızartın. Tavuğu bambu filizleri ve ayrılmış soya sosuyla birlikte tavaya geri koyun ve tavuğu kaplayacak kadar et suyu ekleyin.

Kaynatın ve tavuklar yumuşayana kadar yaklaşık 10 dakika pişirin. Delikli bir kaşık kullanarak tavukları sostan çıkarın ve sıcak bir tabağa koyun. Sosu süzüp tekrar tencereye alın. Mısır unu ve suyu macun kıvamına gelinceye kadar karıştırın,

Altın paralar

4 kişi için

4 tavuk göğsü

30 ml / 2 yemek kaşığı bal

30 ml / 2 yemek kaşığı şarap sirkesi

30 ml / 2 yemek kaşığı domates sosu (ketçap)

30 ml / 2 yemek kaşığı soya sosu

bir tutam tuz

2 diş ezilmiş sarımsak

5 ml / 1 çay kaşığı beş baharat tozu

45 ml / 3 yemek kaşığı sade un (çok amaçlı)

2 çırpılmış yumurta

5 ml / 1 çay kaşığı rendelenmiş zencefil kökü

5 ml / 1 çay kaşığı rendelenmiş limon kabuğu

100 g / 4 oz / 1 su bardağı kuru galeta unu

yemek yagı

Tavuğu bir kaseye yerleştirin. Bal, şarap sirkesi, domates sosu, soya sosu, tuz, sarımsak ve beş baharat tozunu karıştırın. Tavuğun üzerine dökün, iyice karıştırın, üzerini örtün ve buzdolabında 12 saat marine edin.

Tavuğu marinattan çıkarın ve kalın şeritler halinde kesin. Üzerine un serpin. Yumurtaları, zencefili ve limon kabuğu rendesini çırpın. Tavuğu karışıma ve ardından ekmek kırıntılarına eşit şekilde kaplanana kadar kaplayın. Yağı ısıtın ve tavuk göğsünü altın rengi kahverengi olana kadar kızartın.

Jambonlu buharda pişmiş tavuk

4 kişi için

4 porsiyon tavuk
100 gr füme jambon, doğranmış
3 arpacık soğan (yeşil soğan), ince doğranmış
15 ml / 1 yemek kaşığı yer fıstığı yağı
tuz ve taze çekilmiş karabiber
15 ml / 1 yemek kaşığı düz maydanoz

Tavuk parçalarını 5 cm'lik parçalar halinde kesin ve jambon ve frenk soğanıyla birlikte yanmaz bir kaseye koyun. Üzerine yağ, tuz ve karabiber serpin, ardından malzemeleri dikkatlice karıştırın. Kaseyi raftaki buharlı pişiriciye yerleştirin, üzerini örtün ve tavuk tamamen pişene kadar yaklaşık 40 dakika kaynar su üzerinde buharda pişirin. Maydanozla süsleyerek servis yapın.

Hoisin soslu tavuk

4 kişi için

4 parça tavuk ikiye bölünmüş

50 g / 2 oz / ½ bardak mısır unu (mısır nişastasından)

yemek yagı

10 ml / 2 çay kaşığı rendelenmiş zencefil kökü

2 ince doğranmış soğan

225 g / 8 ons brokoli çiçeği

1 kırmızı biber, doğranmış

225 g / 8 ons mantar

250 ml / 8 fl oz / 1 su bardağı tavuk suyu

45 ml / 3 yemek kaşığı pirinç şarabı veya sek şeri

45 ml / 3 yemek kaşığı elma sirkesi

45 ml / 3 yemek kaşığı kuru üzüm sosu

20 ml / 4 çay kaşığı soya sosu

Tavuk parçalarını mısır ununun yarısıyla kaplayın. Yağı ısıtın ve tavuk parçalarını altın rengi kahverengi olana kadar yaklaşık 8 dakika kızartın. Tavadan alıp kağıt havlu üzerine alıp suyunu süzün. Tavadan 30 ml / 2 yemek kaşığı yağın tamamını çıkarın ve zencefili 1 dakika kızartın. Soğanı ekleyip 1 dakika kavurun. Brokoliyi, biberi ve mantarları ekleyip 2 dakika soteleyin. Et suyunu ayrılmış mısır unu ve diğer malzemelerle karıştırıp tavaya dökün. Kaynatın, karıştırın ve sos şeffaf hale gelinceye kadar pişirin. Tavuğu tekrar wok'a alın ve iyice ısınana kadar yaklaşık 3 dakika karıştırarak pişirin.

bal tavuğu

4 kişi için

30 ml / 2 yemek kaşığı yer fıstığı yağı
4 parça tavuk
30 ml / 2 yemek kaşığı soya sosu
120 ml / 4 fl oz / ½ bardak pirinç şarabı veya sek şeri
30 ml / 2 yemek kaşığı bal
5 ml / 1 çay kaşığı tuz
1 taze soğan (soğan), ince doğranmış
1 dilim zencefil kökü, doğranmış

Yağı ısıtın ve tavuk göğsünü her tarafı kahverengi olana kadar kızartın. Fazla yağı boşaltın. Diğer malzemeleri karıştırıp tavaya dökün. Kaynatın, kapağını kapatın ve tavuk yumuşayana kadar yaklaşık 40 dakika pişirin.

Kung Pao Tavuk

4 kişi için

450g/1lb doğranmış tavuk

1 yumurta beyazı

5 ml / 1 çay kaşığı tuz

30 ml / 2 yemek kaşığı mısır unu (mısır nişastası)

60 ml / 4 yemek kaşığı yer fıstığı yağı

1 oz/25 gr kurutulmuş kırmızı biber, doğranmış

5 ml / 1 çay kaşığı kıyılmış sarımsak

15 ml / 1 yemek kaşığı soya sosu

15 ml / 1 yemek kaşığı pirinç şarabı veya sek şeri 5 ml / 1 çay kaşığı şeker

5 ml / 1 çay kaşığı şarap sirkesi

5 ml / 1 çay kaşığı susam yağı

30 ml / 2 yemek kaşığı su

Tavuğu yumurta akı, tuz ve mısır nişastasının yarısıyla birlikte bir kaseye koyun ve 30 dakika marine etmeye bırakın. Yağı ısıtın ve tavukları hafifçe kızarana kadar kızartın, ardından tavadan çıkarın. Yağı ısıtın ve biberleri ve sarımsakları 2 dakika kızartın. Tavuğu soya sosu, şarap veya şeri, şeker, şarap sirkesi ve susam yağıyla birlikte tavaya geri koyun ve 2 dakika pişirin. Mısır ununun geri kalanını suyla karıştırıp tavaya dökün ve sos seyreltilip koyulaşana kadar karıştırarak pişirin.

Pırasalı tavuk

4 kişi için

30 ml / 2 yemek kaşığı yer fıstığı yağı
5 ml / 1 çay kaşığı tuz
225 g / 8 ons pırasa, dilimlenmiş
1 dilim zencefil kökü, doğranmış
225 gr tavuk, ince dilimlenmiş
15 ml / 1 yemek kaşığı pirinç şarabı veya sek şeri
15 ml / 1 yemek kaşığı soya sosu

Yağın yarısını ısıtın, tuzu ve pırasayı hafif kahverengi olana kadar kızartın, ardından tavadan çıkarın. Kalan yağı ısıtın ve zencefili ve tavuğu hafif altın rengi olana kadar kızartın. Şarap veya şeri ve soya sosunu ekleyin ve tavuk yumuşayana kadar 2 dakika daha pişirin. Pırasayı tekrar tavaya alın ve iyice ısınana kadar karıştırın. Hemen servis yapın.

Limon tavuk

4 kişi için

4 kemiksiz tavuk göğsü

2 yumurta

50 g / 2 oz / ½ bardak mısır unu (mısır nişastasından)

50 g / 2 oz / ½ bardak sade un (çok amaçlı)

150 ml / ¼ pt / bol ½ bardak su

kızartmak için fıstık yağı

250 ml / 8 fl oz / 1 su bardağı tavuk suyu

60 ml / 5 yemek kaşığı limon suyu

30 ml / 2 yemek kaşığı pirinç şarabı veya sek şeri

30 ml / 2 yemek kaşığı mısır unu (mısır nişastası)

30 ml / 2 yemek kaşığı domates salçası (makarna)

1 salata

Her tavuk göğsünü 4 parçaya bölün. Yumurtayı, mısır nişastasını ve çok amaçlı unu birlikte çırpın ve kalın bir hamur elde etmek için yeterli su ekleyin. Tavuk parçalarını hamurun içine koyun ve iyice kaplanana kadar karıştırın. Yağı ısıtın ve tavuk göğsünü altın rengi kahverengi olana ve iyice kızarana kadar kızartın.

Bu arada et suyu, limon suyu, şarap veya şeri, mısır nişastası ve domates salçasını birleştirin ve hafifçe karıştırarak kaynatın. Sos koyulaşıp berraklaşana kadar sürekli karıştırarak kısık ateşte pişirin. Tavuğu sıcak servis tabağına alıp salata yapraklarının üzerine koyun ve üzerine sosu dökün veya ayrı olarak servis yapın.

Limonlu tavuk kızartması

4 kişi için

450g/1lb kemiksiz tavuk, dilimlenmiş

30 ml / 2 yemek kaşığı limon suyu

15 ml / 1 yemek kaşığı soya sosu

15 ml / 1 yemek kaşığı pirinç şarabı veya sek şeri

30 ml / 2 yemek kaşığı mısır unu (mısır nişastası)

30 ml / 2 yemek kaşığı yer fıstığı yağı

2,5 ml / ½ çay kaşığı tuz

2 diş ezilmiş sarımsak

Şeritler halinde kesilmiş 50g / 2oz su kestanesi

50 gram bambu filizi, şeritler halinde kesilmiş

şeritler halinde kesilmiş bazı Çin yaprakları

60 ml / 4 yemek kaşığı tavuk suyu

15 ml / 1 yemek kaşığı domates salçası (makarna)

15 ml / 1 yemek kaşığı şeker

15 ml / 1 yemek kaşığı limon suyu

Tavuğu bir kaseye yerleştirin. Limon suyu, soya sosu, şarap veya şeri ve 15 ml / 1 yemek kaşığı mısır ununu karıştırın, tavuğun üzerine dökün ve ara sıra çevirerek 1 saat marine edin.

Yağı, tuzu ve sarımsağı açık kahverengi olana kadar ısıtın, ardından tavuğu ekleyin ve marine edin ve tavuk açık kahverengi olana kadar yaklaşık 5 dakika kızartın. Kestaneleri, bambu filizlerini ve Çin yapraklarını ekleyin ve 3 dakika daha veya tavuk yumuşayana kadar pişirin. Geri kalan malzemeleri ekleyin ve sos şeffaflaşıp koyulaşana kadar yaklaşık 3 dakika soteleyin.

Bambu filizli tavuk ciğeri

4 kişi için

225 gr tavuk ciğeri, kalın dilimlenmiş
45 ml / 3 yemek kaşığı pirinç şarabı veya sek şeri
45 ml / 3 yemek kaşığı fıstık yağı (yer fıstığı)
15 ml / 1 yemek kaşığı soya sosu
100 g / 4 ons bambu filizleri, dilimlenmiş
100 g / 4 oz dilimlenmiş su kestanesi
60 ml / 4 yemek kaşığı tavuk suyu
tuz ve taze çekilmiş karabiber

Tavuk karaciğerini şarap veya şeri ile karıştırın ve 30 dakika dinlendirin. Yağı ısıtın ve tavuk ciğerini hafif altın rengi olana kadar kızartın. Turşuyu, soya sosunu, bambu filizlerini, kestaneleri ve et suyunu ekleyin. Kaynatın ve tuz ve karabiberle tatlandırın. Kapağını kapatıp yumuşayana kadar yaklaşık 10 dakika pişirin.

kızarmış tavuk karaciğeri

4 kişi için

450 gr tavuk ciğeri, ikiye bölünmüş

50 g / 2 oz / ½ bardak mısır unu (mısır nişastasından)

yemek yagı

Tavuk ciğerini kurutun, üzerine mısır unu serpin ve fazlasını silkeleyin. Yağı ısıtın ve tavuk ciğerlerini altın kahverengi olana ve tamamen pişene kadar birkaç dakika kızartın. Servis yapmadan önce kağıt havlu üzerine boşaltın.

Mangetoutlu tavuk ciğeri

4 kişi için

225 gr tavuk ciğeri, kalın dilimlenmiş
10 ml / 2 çay kaşığı mısır unu (mısır nişastası)
10 ml / 2 çay kaşığı pirinç şarabı veya sek şeri
15 ml / 1 yemek kaşığı soya sosu
45 ml / 3 yemek kaşığı fıstık yağı (yer fıstığı)
2,5 ml / ½ çay kaşığı tuz
2 dilim zencefil kökü, doğranmış
100 g / 4 oz kar bezelyesi
10 ml / 2 çay kaşığı mısır unu (mısır nişastası)
60 ml / 4 yemek kaşığı su

Tavuk ciğerlerini bir kaseye koyun. Mısır unu, şarap veya şeri ve soya sosunu ekleyip iyice karıştırın. Yağın yarısını ısıtın ve tuzu ve zencefili hafif altın rengi olana kadar kızartın. Karidesleri ekleyip yağda iyice kızartın, ardından tavadan çıkarın. Kalan yağı ısıtın ve tavuk ciğerini 5 dakikada kızartın. Mısır unu ve suyu macun kıvamına gelene kadar karıştırın, tavada karıştırın ve sos seyreltilip koyulaşana kadar karıştırarak pişirin. Mangetout'u tavaya geri koyun ve iyice ısınana kadar pişirin.

Krep ile tavuk karaciğer makarna

4 kişi için

30 ml / 2 yemek kaşığı yer fıstığı yağı

1 ince doğranmış soğan

450 gr tavuk ciğeri, ikiye bölünmüş

2 sap kereviz, dilimlenmiş

120 ml / 4 fl oz / ½ bardak tavuk suyu

15 ml / 1 yemek kaşığı mısır unu (mısır nişastası)

15 ml / 1 yemek kaşığı soya sosu

30 ml / 2 yemek kaşığı su

hamur krep

Yağı ısıtın ve soğanı yumuşayana kadar buharda pişirin. Tavuk ciğerini ekleyin ve kızarana kadar kızartın. Kerevizi ekleyin ve 1 dakika kızartın. Stok ekleyin, kaynatın, kapağını kapatın ve 5 dakika pişirin. Mısır unu, soya sosu ve suyu macun kıvamına gelinceye kadar karıştırın, tavaya alın ve sos seyreltilip koyulaşıncaya kadar karıştırarak pişirin. Karışımı hamur kreplerin üzerine dökün ve servis yapın.

İstiridye soslu tavuk ciğeri

4 kişi için

45 ml / 3 yemek kaşığı fıstık yağı (yer fıstığı)

1 ince doğranmış soğan

225 g / 8 ons tavuk ciğeri, ikiye bölünmüş

100 gr mantar, dilimlenmiş

30 ml / 2 yemek kaşığı istiridye sosu

15 ml / 1 yemek kaşığı soya sosu

15 ml / 1 yemek kaşığı pirinç şarabı veya sek şeri

120 ml / 4 fl oz / ½ bardak tavuk suyu

5 ml / 1 çay kaşığı şeker

15 ml / 1 yemek kaşığı mısır unu (mısır nişastası)

45 ml / 3 yemek kaşığı su

Yağın yarısını ısıtın ve soğanı yumuşayana kadar soteleyin. Tavuk ciğerlerini ekleyip renkleri dönene kadar kavurun. Mantarları ekleyin ve 2 dakika kızartın. İstiridye sosu, soya sosu, şarap veya şeri, et suyu ve şekeri karıştırın, tencereye dökün ve kaynayana kadar ısıtın. Mısır unu ve suyu macun kıvamına gelinceye kadar tavaya ekleyin ve sos incelip koyulaşıncaya ve ciğer yumuşayana kadar karıştırarak pişirin.

Ananaslı tavuk karaciğeri

4 kişi için

225 g / 8 ons tavuk ciğeri, ikiye bölünmüş
45 ml / 3 yemek kaşığı fıstık yağı (yer fıstığı)
30 ml / 2 yemek kaşığı soya sosu
15 ml / 1 yemek kaşığı mısır unu (mısır nişastası)
15 ml / 1 yemek kaşığı şeker
15 ml / 1 yemek kaşığı şarap sirkesi
tuz ve taze çekilmiş karabiber
100 g / 4 ons ananas parçaları
60 ml / 4 yemek kaşığı tavuk suyu

Tavuk ciğerini kaynar suda 30 saniye haşlayıp süzün. Yağı ısıtın ve tavuk ciğerini 30 saniye kızartın. Soya sosu, mısır unu, şeker, şarap sirkesi, tuz ve karabiberi karıştırıp tencereye dökün ve tavuk ciğerlerini kaplayacak şekilde iyice karıştırın. Ananas parçalarını ve et suyunu ekleyin ve karaciğer yumuşayana kadar yaklaşık 3 dakika pişirin.

Tatlı ve ekşi tavuk karaciğeri

4 kişi için

30 ml / 2 yemek kaşığı yer fıstığı yağı

450 gr tavuk ciğeri, dörde bölünmüş

2 yeşil biber, doğranmış

4 konserve ananas dilimi, parçalar halinde kesilmiş

60 ml / 4 yemek kaşığı tavuk suyu

30 ml / 2 yemek kaşığı mısır unu (mısır nişastası)

10 ml / 2 çay kaşığı soya sosu

100 g / 4 oz / ½ bardak şeker

120 ml / 4 fl oz / ½ bardak şarap sirkesi

120 ml / 4 fl oz / ½ bardak su

Yağı ısıtın ve karaciğeri hafif kahverengi olana kadar kızartın, ardından ılık bir tabağa koyun. Biberleri tavaya ekleyin ve 3 dakika kızartın. Ananas ve et suyunu ekleyin, kaynatın, kapağını kapatın ve 15 dakika pişirin. Diğer malzemeleri bir macun kıvamına gelinceye kadar tavada karıştırın ve sos koyulaşana kadar karıştırarak pişirin. Tavuk ciğeri üzerine döküp servis yapın.

Lychee'li tavuk

4 kişi için

3 tavuk göğsü

60 ml / 4 yemek kaşığı mısır unu (mısır nişastası)

45 ml / 3 yemek kaşığı fıstık yağı (yer fıstığı)

5 adet taze soğan (soğan), dilimlenmiş

1 kırmızı biber parçalara bölünmüş

120 ml / 4 fl oz / ½ bardak domates sosu

120 ml / 4 fl oz / ½ bardak tavuk suyu

5 ml / 1 çay kaşığı şeker

10 oz / 275 gr soyulmuş liçi

Tavuk göğüslerini ikiye bölün, kemiklerini ve derisini çıkarıp atın. Her göğsü 6 parçaya bölün. 5 ml / 1 çay kaşığı mısır unu ayırın ve tavuğu iyice kaplanana kadar geri kalanın içine atın. Yağı ısıtın ve tavuğu yaklaşık 8 dakika içinde altın rengi kahverengi olana kadar kızartın. Frenk soğanı ve kırmızı biberi ekleyip 1 dakika kızartın. Domates sosunu, et suyunun yarısını ve şekeri karıştırın, ardından wok'ta lychee ile karıştırın. Kaynatın, kapağını kapatın ve tavuk yumuşayana kadar yaklaşık 10 dakika pişirin. Ayrılmış mısır unu ve stokunu birleştirin ve tavaya karıştırın. Sos seyreltilip koyulaşıncaya kadar karıştırarak kısık ateşte pişirin.

Lychee soslu tavuk

4 kişi için

225 g / 8 ons tavuk

1 adet taze soğan (soğan)

4 adet su kestanesi

30 ml / 2 yemek kaşığı mısır unu (mısır nişastası)

45 ml / 3 yemek kaşığı soya sosu

30 ml / 2 yemek kaşığı pirinç şarabı veya sek şeri

2 yumurta akı

yemek yagı

Liçi şurubunda 400 g / 14 oz şişe

5 yemek kaşığı tavuk suyu

Tavuğu frenk soğanı ve su kestanesi ile öğütün. Mısır nişastasının yarısını, 30 ml / 2 yemek kaşığı soya sosunu, şarap veya şeri ve yumurta akını karıştırın. Karışıma ceviz büyüklüğünde toplar yapın. Yağı ısıtın ve tavuk göğsünü altın rengi kahverengi olana kadar kızartın. Bir kağıt havlu üzerine boşaltın.

Bu arada, lychee şurubunu et suyu ve ayrılmış soya sosuyla dikkatlice ısıtın. Mısır ununun geri kalanını bir miktar suyla karıştırıp tavaya alın ve kısık ateşte sos kıvam alıp koyulaşana kadar karıştırarak pişirin. Liçileri ekleyin ve kısık ateşte pişirin.

Tavuğu sıcak bir tabağa koyun, üzerine liçi ve sosu dökün ve hemen servis yapın.

Mangetoutlu tavuk

4 kişi için

225 gr tavuk, ince dilimlenmiş
5 ml / 1 çay kaşığı mısır unu (mısır nişastası)
5 ml / 1 çay kaşığı pirinç şarabı veya sek şeri
5 ml / 1 çay kaşığı susam yağı
1 yumurta beyazı, hafifçe çırpılmış
45 ml / 3 yemek kaşığı fıstık yağı (yer fıstığı)
1 diş ezilmiş sarımsak
1 dilim zencefil kökü, doğranmış
100 g / 4 oz kar bezelyesi
120 ml / 4 fl oz / ½ bardak tavuk suyu
tuz ve taze çekilmiş karabiber

Tavuğu mısır nişastası, şarap veya şeri, susam yağı ve yumurta akı ile karıştırın. Yağın yarısını ısıtın ve sarımsak ve zencefili hafif altın rengi olana kadar kızartın. Tavuğu ekleyin ve altın rengi kahverengi olana kadar kızartın, ardından tavadan çıkarın. Kalan yağı ısıtın ve kar bezelyelerini 2 dakika kızartın. Stok ekleyin, kaynatın, kapağını kapatın ve 2 dakika pişirin. Tavuğu tekrar tavaya alıp tuz ve karabiberle tatlandırın. Kısık ateşte iyice ısınana kadar pişirin.

Mangolu tavuk

4 kişi için

100 g / 4 oz / 1 su bardağı sade un (çok amaçlı)

250 ml / 8 fl oz / 1 su bardağı su

2,5 ml / ½ çay kaşığı tuz

bir tutam kabartma tozu

3 tavuk göğsü

yemek yagı

1 dilim zencefil kökü, doğranmış

150 ml / ¼ pt / cömert ½ bardak tavuk suyu

45 ml / 3 yemek kaşığı şarap sirkesi

45 ml / 3 yemek kaşığı pirinç şarabı veya sek şeri

20 ml / 4 çay kaşığı soya sosu

10 ml / 2 çay kaşığı şeker

10 ml / 2 çay kaşığı mısır unu (mısır nişastası)

5 ml / 1 çay kaşığı susam yağı

5 adet taze soğan (soğan), dilimlenmiş

400 g konserve mango, suyu süzülmüş ve şeritler halinde kesilmiş

Un, su, tuz ve kabartma tozunu karıştırın. 15 dakika bekletin. Tavuğun derisini ve kemiklerini çıkarıp atın. Tavukları ince şeritler halinde kesin. Bunları un karışımına karıştırın. Yağı ısıtın ve tavuğu yaklaşık 5 dakika içinde altın rengi kahverengi olana kadar kızartın. Tavadan alıp kağıt havlu üzerine alıp suyunu süzün. Wok'tan 15 ml / 1 yemek kaşığı yağın tamamını çıkarın ve zencefili hafif altın rengi olana kadar kızartın. Meyve suyuna şarap, şarap veya şeri sirkesi, soya sosu, şeker, mısır unu ve susam yağını karıştırın. Tavaya ekleyin ve karıştırarak kaynayana kadar ısıtın. Frenk soğanı ekleyin ve 3 dakika soteleyin. Tavuğu ve mangoyu ekleyin ve karıştırarak 2 dakika pişirin.

Tavuklu kavun dolması

4 kişi için

350 g / 12 ons tavuk

6 adet su kestanesi

2 soyulmuş deniz tarağı

4 dilim zencefil kökü

5 ml / 1 çay kaşığı tuz

15 ml / 1 yemek kaşığı soya sosu

600 ml / 1 pt / 2½ su bardağı tavuk suyu

8 küçük veya 4 orta boy topuk kapağı

Tavuğu, kestaneyi, deniz tarağını ve zencefili küçük parçalar halinde kesip tuz, soya sosu ve et suyuyla karıştırın. Kavunların üst kısımlarını kesin ve çekirdeklerini çıkarın. Üst kenarları testereyle kesti. Kavunları tavuk karışımıyla doldurun ve buharlı pişiricideki rafa yerleştirin. Tavuklar pişene kadar sıcak suda 40 dakika kadar pişirin.

Kızarmış tavuk ve mantar

4 kişi için

45 ml / 3 yemek kaşığı fıstık yağı (yer fıstığı)

1 diş ezilmiş sarımsak

1 taze soğan (soğan), ince doğranmış

1 dilim zencefil kökü, doğranmış

225 g / 8 ons tavuk göğsü, dilimlenmiş

225 g / 8 ons mantar

45 ml / 3 yemek kaşığı soya sosu

15 ml / 1 yemek kaşığı pirinç şarabı veya sek şeri

5 ml / 1 çay kaşığı mısır unu (mısır nişastası)

Yağı ısıtın ve sarımsak, taze soğan ve zencefili hafif altın rengi olana kadar kızartın. Tavukları ekleyip 5 dakika kavurun. Mantarları ekleyin ve 3 dakika kızartın. Soya sosu, şarap veya şeri ve mısır unu ekleyin ve tavuk tamamen pişene kadar yaklaşık 5 dakika soteleyin.

Mantarlı ve cevizli tavuk

4 kişi için

30 ml / 2 yemek kaşığı yer fıstığı yağı
2 diş ezilmiş sarımsak
1 dilim zencefil kökü, doğranmış
450g/1lb kemiksiz tavuk, doğranmış
225 g / 8 ons mantar
100 gr bambu filizi, şeritler halinde kesilmiş
1 adet doğranmış yeşil biber
1 kırmızı biber, doğranmış
250 ml / 8 fl oz / 1 su bardağı tavuk suyu
30 ml / 2 yemek kaşığı pirinç şarabı veya sek şeri
15 ml / 1 yemek kaşığı soya sosu
15 ml / 1 yemek kaşığı tabasco sosu
30 ml / 2 yemek kaşığı mısır unu (mısır nişastası)
30 ml / 2 yemek kaşığı su

Yağı, sarımsağı ve zencefili, sarımsak hafif altın rengi kahverengi olana kadar ısıtın. Tavuğu ekleyin ve hafifçe altın rengi olana kadar kızartın. Mantarları, bambu filizini ve kırmızı biberi ekleyip 3 dakika kızartın. Et suyu, şarap veya şeri, soya sosu ve Tabasco sosunu ekleyin ve karıştırarak kaynatın. Kapağını kapatıp tavuklar yumuşayıncaya kadar yaklaşık 10 dakika pişirin. Mısır unu ve suyu karıştırıp sosa ekleyin. Sos incelip koyulaşana kadar karıştırarak pişirin. Sos çok kalınsa biraz et suyu veya su ekleyin.

Mantarlı kızarmış tavuk

4 kişi için

6 adet kurutulmuş Çin mantarı
1 tavuk göğsü, ince dilimlenmiş
1 dilim zencefil kökü, doğranmış
2 arpacık soğan (soğan), ince doğranmış
15 ml / 1 yemek kaşığı mısır unu (mısır nişastası)
15 ml / 1 yemek kaşığı pirinç şarabı veya sek şeri
30 ml / 2 yemek kaşığı su
2,5 ml / ½ çay kaşığı tuz
45 ml / 3 yemek kaşığı fıstık yağı (yer fıstığı)
225 gr mantar, dilimlenmiş
100 g / 4 ons fasulye filizi
15 ml / 1 yemek kaşığı soya sosu
5 ml / 1 çay kaşığı şeker
120 ml / 4 fl oz / ½ bardak tavuk suyu

Mantarları ılık suda 30 dakika bekletin, ardından süzün. Sapları atın ve üst kısımlarını kesin. Tavuğu bir kaseye yerleştirin. Zencefil, taze soğan, mısır nişastası, şarap veya şeri, su ve tuzu karıştırıp tavuğa ekleyin ve 1 saat dinlendirin. Yağın yarısını ısıtın ve tavukları hafif kızarıncaya kadar kızartın, ardından tavadan çıkarın. Kalan yağı ısıtıp kurutulmuş ve taze mantarları ve fasulye filizlerini 3 dakika kızartın. Soya sosunu, şekeri ve et suyunu ekleyin, kaynatın, kapağını kapatın ve sebzeler yumuşayana kadar 4 dakika pişirin. Tavuğu tekrar tavaya alın, iyice karıştırın ve servis yapmadan önce hafifçe tekrar ısıtın.

Mantarlı buharda pişmiş tavuk

4 kişi için

4 parça tavuk
30 ml / 2 yemek kaşığı mısır unu (mısır nişastası)
30 ml / 2 yemek kaşığı soya sosu
3 arpacık soğan (yeşil soğan), ince doğranmış
2 dilim zencefil kökü, doğranmış
2,5 ml / ½ çay kaşığı tuz
100 gr mantar, dilimlenmiş

Tavuk parçalarını 5 cm'lik parçalar halinde kesin ve fırına dayanıklı bir kaba koyun. Mısır unu ve soya sosunu macun kıvamına gelene kadar karıştırın, taze soğanı, zencefili ve tuzu ekleyin, ardından tavukla iyice karıştırın. Mantarları dikkatlice karıştırın. Kaseyi buharlı pişiriciye rafın üzerine yerleştirin, üzerini örtün ve tavuk tamamen pişene kadar yaklaşık 35 dakika kaynar su üzerinde buharda pişirin.

Soğanlı tavuk

4 kişi için

60 ml / 4 yemek kaşığı yer fıstığı yağı
2 ince doğranmış soğan
450 gr / 1 kg tavuk, dilimlenmiş
30 ml / 2 yemek kaşığı pirinç şarabı veya sek şeri
250 ml / 8 fl oz / 1 su bardağı tavuk suyu
45 ml / 3 yemek kaşığı soya sosu
30 ml / 2 yemek kaşığı mısır unu (mısır nişastası)
45 ml / 3 yemek kaşığı su

Yağı ısıtın ve soğanı hafif altın kahverengi olana kadar kızartın. Tavuğu ekleyin ve hafifçe altın rengi olana kadar kızartın. Şarap veya şeri, et suyu ve soya sosunu ekleyin, kaynatın, üzerini örtün ve tavuk yumuşayana kadar 25 dakika pişirin. Mısır unu ve suyu macun kıvamına gelene kadar karıştırın, tavada karıştırın ve sos seyreltilip koyulaşana kadar karıştırarak pişirin.

Portakallı ve limonlu tavuk

4 kişi için

Şeritler halinde kesilmiş 350g/1lb tavuk

30 ml / 2 yemek kaşığı yer fıstığı yağı

2 diş ezilmiş sarımsak

2 dilim zencefil kökü, doğranmış

½ portakalın rendelenmiş kabuğu

½ limonun rendelenmiş kabuğu

45 ml / 3 yemek kaşığı portakal suyu

45 ml / 3 yemek kaşığı limon suyu

15 ml / 1 yemek kaşığı soya sosu

3 arpacık soğan (yeşil soğan), ince doğranmış

15 ml / 1 yemek kaşığı mısır unu (mısır nişastası)

45 ml / 1 yemek kaşığı su

Tavukları kaynar suda 30 saniye kadar haşladıktan sonra süzün. Yağı ısıtın ve sarımsak ve zencefili 30 saniye kızartın. Portakal ve limonun kabuğunu ve suyunu, soya sosunu ve taze soğanı ekleyip 2 dakika kızartın. Tavuğu ekleyin ve tavuk yumuşayana kadar birkaç dakika pişirin. Mısır unu ve suyu macun kıvamına gelinceye kadar tavada karıştırın ve sos koyulaşana kadar karıştırarak pişirin.

İstiridye soslu tavuk

4 kişi için

30 ml / 2 yemek kaşığı yer fıstığı yağı
1 diş ezilmiş sarımsak
1 dilim zencefil, ince doğranmış
450 gr / 1 kg tavuk, dilimlenmiş
250 ml / 8 fl oz / 1 su bardağı tavuk suyu
30 ml / 2 yemek kaşığı istiridye sosu
15 ml / 1 yemek kaşığı pirinç şarabı veya şeri
5 ml / 1 çay kaşığı şeker

Yağı sarımsak ve zencefille ısıtın ve hafif kahverengi olana kadar kızartın. Tavuğu ekleyin ve hafifçe kızarana kadar yaklaşık 3 dakika pişirin. Et suyunu, istiridye sosunu, şarabı veya şeri ve şekeri ekleyin, karıştırarak kaynatın, üzerini örtün ve tavuk yumuşayana kadar ara sıra karıştırarak yaklaşık 15 dakika pişirin. Kapağı çıkarın ve sos buharlaşıp koyulaşana kadar yaklaşık 4 dakika karıştırarak pişirmeye devam edin.

tavuk paketleri

4 kişi için

225 g / 8 ons tavuk

30 ml / 2 yemek kaşığı pirinç şarabı veya sek şeri

30 ml / 2 yemek kaşığı soya sosu

pişirme için balmumu veya pişirme kağıdı

30 ml / 2 yemek kaşığı yer fıstığı yağı

yemek yagı

Tavuğu 5 cm / 2 küp şeklinde kesin. Şarap veya şeri ve soya sosunu karıştırın, tavuğun üzerine dökün ve iyice karıştırın. Kapağını kapatıp ara sıra karıştırarak 1 saat bekletin. Kağıdı 10 cm'lik kareler halinde kesin ve yağla yağlayın. Tavukları iyice süzün. Çalışma yüzeyine bir köşesi size bakacak şekilde bir sayfa kağıt yerleştirin. Parçayı merkezin hemen altındaki tavuk karesine yerleştirin, alt köşeyi katlayın ve tavuğu çevrelemek için tekrar katlayın. Yanları içe katlayın, ardından paketi sabitlemek için üst köşeyi aşağı katlayın. Yağı ısıtın ve tavuk paketlerini yumuşayana kadar yaklaşık 5 dakika kızartın. Müşterilerin açması için paketler halinde sıcak servis yapın.

fındıklı tavuk

4 kişi için

225 gr tavuk, ince dilimlenmiş

1 yumurta beyazı, hafifçe çırpılmış

10 ml / 2 çay kaşığı mısır unu (mısır nişastası)

45 ml / 3 yemek kaşığı fıstık yağı (yer fıstığı)

1 diş ezilmiş sarımsak

1 dilim zencefil kökü, doğranmış

2 pırasa, ince doğranmış

30 ml / 2 yemek kaşığı soya sosu

15 ml / 1 yemek kaşığı pirinç şarabı veya sek şeri

100 g / 4 oz kavrulmuş fıstık

Tavuğu iyice kaplanana kadar yumurta akı ve mısır nişastasıyla karıştırın. Yağın yarısını ısıtın ve tavuğu altın kahverengi olana kadar kızartın, ardından tavadan çıkarın. Kalan yağı ısıtın ve sarımsak ve zencefili yumuşayana kadar kızartın. Pırasayı ekleyin ve altın kahverengi olana kadar hafifçe kızartın. Soya sosu ve şarap veya şeri ekleyin ve 3 dakika pişirin. Tavuğu fındıklarla birlikte tavaya geri koyun ve iyice ısınana kadar pişirin.

Fıstık Ezmeli Tavuk

4 kişi için

4 tavuk göğsü, küp şeklinde kesilmiş

tuz ve taze çekilmiş karabiber

5 ml / 1 çay kaşığı beş baharat tozu

45 ml / 3 yemek kaşığı fıstık yağı (yer fıstığı)

1 soğan, doğranmış

2 havuç, doğranmış

1 sap kereviz, doğranmış

300 ml / ½ pt / 1¼ su bardağı tavuk suyu

10 ml / 2 çay kaşığı domates salçası (makarna)

100 g / 4 ons fıstık ezmesi

15 ml / 1 yemek kaşığı soya sosu

10 ml / 2 çay kaşığı mısır unu (mısır nişastası)

bir tutam esmer şeker

15 ml / 1 yemek kaşığı doğranmış frenk soğanı

Tavuğu tuz, karabiber ve beş baharat tozuyla baharatlayın. Yağı ısıtın ve tavuk göğsünü pişene kadar kızartın. Tavadan çıkarın. Sebzeleri ekleyin ve pişene kadar ama yine de çıtır olana kadar pişirin. Et suyunu frenk soğanı hariç diğer malzemelerle karıştırıp bir tencerede karıştırıp kaynatın. Tavuğu tekrar tavaya alıp tekrar karıştırın. Şeker serperek servis yapın.

Bezelyeli tavuk

4 kişi için

60 ml / 4 yemek kaşığı yer fıstığı yağı
1 ince doğranmış soğan
450 gr / 1 kilo tavuk, küp şeklinde doğranmış
tuz ve taze çekilmiş karabiber
100 g / 4 oz bezelye
2 sap kereviz, doğranmış
100 gr ince doğranmış mantar
250 ml / 8 fl oz / 1 su bardağı tavuk suyu
15 ml / 1 yemek kaşığı mısır unu (mısır nişastası)
15 ml / 1 yemek kaşığı soya sosu
60 ml / 4 yemek kaşığı su

Yağı ısıtın ve soğanı hafif altın kahverengi olana kadar kızartın. Tavuğu ekleyin ve kahverengi olana kadar kızartın. Tuz ve karabiberle tatlandırın, bezelye, kereviz ve mantarları ekleyip iyice karıştırın. Stok ekleyin, kaynatın, kapağını kapatın ve 15 dakika pişirin. Mısır unu, soya sosu ve suyu macun kıvamına gelinceye kadar karıştırın, tavaya alın ve sos seyreltilip koyulaşıncaya kadar karıştırarak pişirin.

Pekin tavuğu

4 kişi için

4 porsiyon tavuk
tuz ve taze çekilmiş karabiber
5 ml / 1 çay kaşığı şeker
1 taze soğan (soğan), ince doğranmış
1 dilim zencefil kökü, doğranmış
15 ml / 1 yemek kaşığı soya sosu
15 ml / 1 yemek kaşığı pirinç şarabı veya sek şeri
15 ml / 1 yemek kaşığı mısır unu (mısır nişastası)
yemek yagı

Tavuk parçalarını sığ bir kaseye koyun ve üzerine tuz ve karabiber serpin. Şekeri, taze soğanı, zencefili, soya sosunu ve şarabı veya şeriyi karıştırın, tavuğu fırçalayın, üzerini örtün ve 3 saat marine edin. Tavuk göğsünü süzün ve üzerine mısır unu serpin. Yağı ısıtın ve tavuk göğsünü altın rengi kahverengi olana ve iyice kızarana kadar kızartın. Servis yapmadan önce iyice süzün.

Kırmızı biberli tavuk

4 kişi için

60 ml / 4 yemek kaşığı soya sosu
45 ml / 3 yemek kaşığı pirinç şarabı veya sek şeri
45 ml / 3 yemek kaşığı mısır unu (mısır nişastası)
450 gr / 1 kg küçük parçalar halinde kesilmiş tavuk (öğütülmüş)
60 ml / 4 yemek kaşığı yer fıstığı yağı
2,5 ml / ½ çay kaşığı tuz
2 diş ezilmiş sarımsak
2 kırmızı biber, doğranmış
1 adet doğranmış yeşil biber
5 ml / 1 çay kaşığı şeker
300 ml / ½ pt / 1¼ su bardağı tavuk suyu

Soya sosu, yarım şarap veya şeri ve yarım mısır nişastasını karıştırın. Tavuğun üzerine dökün, iyice karıştırın ve en az 1 saat marine edin. Yağın yarısını tuz ve sarımsakla birlikte, sarımsak hafif altın rengi kahverengi olana kadar ısıtın. Tavuğu ve turşuyu ekleyin ve tavuk beyaz olana kadar yaklaşık 4 dakika pişirin, ardından tavadan çıkarın. Kalan yağı tavaya dökün ve biberleri 2 dakika kızartın. Şekeri kalan soya sosu, şarap veya şeri ve mısır unu ile birlikte tavaya ekleyin ve iyice karıştırın. Et suyunu ekleyin, kaynatın ve sos koyulaşana kadar karıştırarak pişirin.

Tavuğu tekrar tavaya alın, kapağını kapatın ve tavuk yumuşayana kadar 4 dakika pişirin.

Biberli kızarmış tavuk

4 kişi için

1 tavuk göğsü, ince dilimlenmiş

2 dilim zencefil kökü, doğranmış

2 arpacık soğan (soğan), ince doğranmış

15 ml / 1 yemek kaşığı mısır unu (mısır nişastası)

30 ml / 2 yemek kaşığı pirinç şarabı veya sek şeri

30 ml / 2 yemek kaşığı su

2,5 ml / ½ çay kaşığı tuz

45 ml / 3 yemek kaşığı fıstık yağı (yer fıstığı)

100 g / 4 oz dilimlenmiş su kestanesi

Şeritler halinde kesilmiş 1 kırmızı biber

1 yeşil biber şeritler halinde kesilmiş

Şeritler halinde kesilmiş 1 sarı biber

30 ml / 2 yemek kaşığı soya sosu

120 ml / 4 fl oz / ½ bardak tavuk suyu

Tavuğu bir kaseye yerleştirin. Zencefil, taze soğan, mısır nişastası, şarap veya şeri, su ve tuzu karıştırıp tavuğa ekleyin ve 1 saat dinlendirin. Yağın yarısını ısıtın ve tavukları hafif kızarıncaya kadar kızartın, ardından tavadan çıkarın. Kalan yağı ısıtıp su kestanelerini ve kırmızı biberi 2 dakika kızartın. Soya sosunu ve et suyunu ekleyin, kaynatın, üzerini örtün ve sebzeler yumuşayana kadar 5 dakika pişirin. Tavuğu tekrar tavaya alın, iyice karıştırın ve servis yapmadan önce hafifçe tekrar ısıtın.

Tavuk ve ananas

4 kişi için

30 ml / 2 yemek kaşığı yer fıstığı yağı

5 ml / 1 çay kaşığı tuz

2 diş ezilmiş sarımsak

İnce dilimler halinde kesilmiş 1 kilo / 450 gr kemiksiz tavuk

2 ince doğranmış soğan

100 g / 4 oz dilimlenmiş su kestanesi

100 g / 4 ons ananas parçaları

30 ml / 2 yemek kaşığı pirinç şarabı veya sek şeri

450 ml / ¾ pt / 2 su bardağı tavuk suyu

5 ml / 1 çay kaşığı şeker

taze kara biber

30 ml / 2 yemek kaşığı ananas suyu

30 ml / 2 yemek kaşığı soya sosu

30 ml / 2 yemek kaşığı mısır unu (mısır nişastası)

Yağı, tuzu ve sarımsağı, sarımsak açık altın kahverengi olana kadar ısıtın. Tavukları ekleyip 2 dakika kavurun. Soğanı, kestaneyi ve ananası ekleyip 2 dakika kavurun. Şarap veya şeri, et suyu ve şekeri ekleyin, ardından biberle tatlandırın. Kaynatın, kapağını kapatın ve kısık ateşte 5 dakika pişirin. Ananas suyunu, soya sosunu ve mısır unu karıştırın. Tavada birleştirin ve sos koyulaşıp şeffaf hale gelinceye kadar yavaş yavaş karıştırarak pişirin.

Ananaslı ve liçili tavuk

4 kişi için

30 ml / 2 yemek kaşığı yer fıstığı yağı
225 gr tavuk, ince dilimlenmiş
1 dilim zencefil kökü, doğranmış
15 ml / 1 yemek kaşığı soya sosu
15 ml / 1 yemek kaşığı pirinç şarabı veya sek şeri
Şurup içinde korunmuş 200 g / 7 oz ananas parçaları
Liçi şurubunda 7oz/200g
15 ml / 1 yemek kaşığı mısır unu (mısır nişastası)

Yağı ısıtın ve tavukları açık kahverengi olana kadar kızartın. Soya sosu ve şarap veya şeri ekleyin ve iyice karıştırın. 30 ml / 2 yemek kaşığı ayırarak 250 ml / 8 fl oz / 1 bardak ananas-liçi şurubu karışımını ölçün. Geri kalanını tavaya ekleyin, kaynatın ve tavuk yumuşayana kadar birkaç dakika pişirin. Ananas parçalarını ve liçileri ekleyin. Mısır ununu ayrılmış şurupla karıştırın, tavada birleştirin ve sos incelip koyulaşana kadar karıştırın.

domuz eti ile tavuk

4 kişi için

1 tavuk göğsü, ince dilimlenmiş

100g/4oz yağsız domuz eti, ince dilimlenmiş

60 ml / 4 yemek kaşığı soya sosu

15 ml / 1 yemek kaşığı mısır unu (mısır nişastası)

1 yumurta beyazı

45 ml / 3 yemek kaşığı fıstık yağı (yer fıstığı)

3 dilim zencefil kökü, doğranmış

50 gr bambu filizi, dilimlenmiş

225 gr mantar, dilimlenmiş

8 oz/225 g Çin yaprakları, kıyılmış

120 ml / 4 fl oz / ½ bardak tavuk suyu

30 ml / 2 yemek kaşığı su

Tavuk ve domuz eti karıştırın. Soya sosunu, 5 ml / 1 çay kaşığı mısır unu ve yumurta beyazını karıştırıp tavuk ve domuz etini ekleyin. 30 dakika dinlenmeye bırakın. Yağın yarısını ısıtın ve tavuk ve domuz etini hafifçe kızarıncaya kadar kızartın, ardından tavadan çıkarın. Kalan yağı ısıtın ve zencefili, bambu filizlerini, mantarları ve Çin yapraklarını yağ iyice kaplanıncaya kadar kızartın. Et suyunu ekleyip kaynatın. Tavuk karışımını tavaya dökün, kapağını kapatın ve etler yumuşayana kadar yaklaşık 3 dakika pişirin. Kalan mısır ununu suyla macun kıvamına gelinceye kadar karıştırıp sosun içine katın ve sos koyulaşana kadar karıştırarak pişirin. Hemen servis yapın.

Jambon ve balık ile haşlanmış yumurta

4-6 porsiyon için

6 yumurta ayrıldı

225 g öğütülmüş morina (öğütülmüş)

375 ml / 13 fl oz / 1½ bardak ılık su

bir tutam tuz

50 gr füme jambon, doğranmış

15 ml / 1 yemek kaşığı yer fıstığı yağı

düz yapraklı maydanoz dalları

Yumurta beyazını balıkla, suyun yarısıyla ve biraz tuzla karıştırıp yanmaz sığ bir kaba dökün. Yumurta sarılarını kalan su, jambon ve biraz tuzla karıştırıp yumurta akı karışımının üzerine dökün. Tencereyi buharlama rafına yerleştirin, kapağını kapatın ve kaynayan suyun üzerinde yaklaşık 1 dakika kadar buharda pişirin. Yumurta sertleşene kadar 20 dakika. Yağı kaynama noktasına kadar ısıtın, yumurtanın üzerine dökün ve maydanozla süsleyerek servis yapın.

Domuz eti ile haşlanmış yumurta

4 kişi için

45 ml / 3 yemek kaşığı fıstık yağı (yer fıstığı)
225 gr yağsız domuz eti, kıyılmış (kıyılmış)
100 gr ince doğranmış su kestanesi (öğütülmüş)
1 taze soğan (soğan), ince doğranmış
30 ml / 2 yemek kaşığı soya sosu
5 ml / 1 çay kaşığı tuz
120 ml / 4 fl oz / ½ bardak tavuk suyu
4 yumurta, hafifçe çırpılmış

Yağı ısıtın ve domuz eti, kestane ve frenk soğanını hafif kızarana kadar kızartın. Soya sosunu ve tuzu ekleyip fazla yağını dökün ve sığ bir tavaya dökün. Et suyunu ısıtın, yumurtaları karıştırın ve et karışımının üzerine dökün. Kabı buharlı pişiriciye rafın üzerine yerleştirin, üzerini örtün ve yumurtalar sertleşene kadar yaklaşık 30 dakika kaynar su üzerinde buharda pişirin.